Lars Quittkat

Kleine geistliche Typberatung

Wie Sie Ihren persönlichen Zugang
zu Gott entdecken

Über den Autor

Lars Quittkat ist Pastor einer evangelisch-lutherischen Gemeinde im Norden Deutschlands. Das Buch entstand in einer langjährigen persönlichen Auseinandersetzung mit der Frage, wie man auch im stressigen Alltag geistlich auftanken und weiterkommen kann. Lars Quittkat ist verheiratet, Vater von drei Kindern und lebt in Daverden, in der Nähe von Bremen.

Lars Quittkat

Kleine *geistliche* Typberatung

Wie Sie Ihren persönlichen Zugang zu Gott entdecken

FSC
Mix
Produktgruppe aus vorbildlich
bewirtschafteten Wäldern und
anderen kontrollierten Herkünften
Zert.-Nr. SGS-COC-1940
www.fsc.org
© 1996 Forest Stewardship Council

Verlagsgruppe Random House FSC-DEU-0100
Das FSC-zertifizierte Papier *München Super* für dieses Buch
liefert Arctic Paper Mochenwangen GmbH

© 2010 by Gerth Medien GmbH, Asslar,
in der Verlagsgruppe Random House GmbH, München

Die Bibelverse in diesem Buch wurden, falls nicht anders angegeben,
folgender Übersetzung entnommen:
Lutherbibel, revidierter Text 1984, durchgesehene Ausgabe in
neuer Rechtschreibung. © 1999 Deutsche Bibelgesellschaft Stuttgart.
Weiterhin wurden verwendet:
Hoffnung für alle – Die Bibel, durchgesehene Ausgabe in neuer Recht-
schreibung, © 1986, 1996, 2002 by International Bible Society, USA (Hfa).
Übersetzt und herausgegeben durch: Brunnen Verlag Basel, Schweiz

1. Auflage 2010
Bestell-Nr. 816 477
ISBN 978-3-86591-477-4

Umschlaggestaltung: Liliane Oser
Satz: Marcellini Media GmbH, Wetzlar
Druck und Verarbeitung: CPI Moravia

Inhalt

Von Türen, Pforten und Portalen 7

Drei Türen zu Gott 15

Die erste Tür: Auf Gott hören 21

Die zweite Tür: Mit Jesus leben 51

Die dritte Tür: Im Geist anbeten 91

Nachwort 121

Anmerkungen 123

Von Türen, Pforten und Portalen

Durch wie viele Türen sind Sie schon gegangen? Wie viele Klinken haben Sie schon in die Hand genommen, um einen Raum zu betreten? Unzählige, nehme ich an. Viele Türen waren Ihnen vertraut, wie auch die dahinterliegenden Räume. Doch manchmal standen Sie vor besonderen Türen, die Sie in unbekanntes Terrain führten, und Sie überkam ein Gefühl der Vorfreude, der Spannung oder der Furcht.

Oftmals lassen uns Türen schon erahnen, welcher Raum dahinter auf uns wartet. Eine Tür aus Glas und Stahl führt in die Geschäftswelt einer Firma, eine Holztür, mit einem Buchsbaumkranz geschmückt, in ein gemütliches Zuhause, und ein erhabenes Kirchenportal in eine Kathedrale. Hinter einer grauen Stahltür verbergen sich Heizungsanlagen, jenseits einer schlichten weißen Tür hört man den Zahnarztbohrer rotieren, und eine verwitterte Tür, von der der Lack abblättert, gehört zu einem alten Schuppen.

Stellen Sie sich vor, Sie würden in Ihrer Stillen Zeit vor einer Tür stehen, um dahinter Gott zu treffen. Was wäre das für eine Tür? Wie sieht der Raum dahinter aus? Und mit welchen Gefühlen greifen Sie zur Klinke?

Vielleicht ist Ihr geistliches Leben ja wirklich so, als würden Sie durch Kirchentüren in eine Kapelle gehen oder durch eine Haustür in ein Heim voller Geborgenheit. Das wäre schön; genießen Sie es! Denn vielen geht es anders. Für viele Christen gleicht die regelmäßige Begegnung mit Gott, wenn sie ehrlich sind, eher dem Betreten eines Geschäftsraums, einem Pflichtbesuch, der im Terminkalender steht. Oder ihr geistliches Leben ist wie der Gang zum Arzt – es muss ja sein, also bringen wir es schnell hinter uns. Oder sie wuchten, wenn sie beten, eine schwere Stahltür auf, um einen Raum voller Technik zu betreten, wobei sie sich immer wieder ratlos fragen, wie Glauben wohl funktioniert …

Merkwürdig. Die persönliche Zeit mit Gott soll uns stärken und im Glauben wachsen lassen. Sie soll eine Quelle der Kraft und der Freude sein. Doch manchmal wird das geistliche Leben zur Last. Dann werden Gebete zu monotonen Pflichtübungen und das Bibellesen zu einer mühsamen Durchquerung von Textwüsten. Gut, Jesus hat uns aufgefordert, durch die enge Pforte zu gehen (Matthäus 7,13); wir sollen sogar darum ringen (Lukas 13,24). Das hört sich nicht gerade nach einem Spaziergang an. Doch er hat damit nicht unsere klassische „Stille Zeit" gemeint. Jesus redet hier von der Schwierigkeit, ins Reich Gottes zu kommen. Und die gute Nachricht des Neuen Testaments ist, dass er selbst durch seinen Tod am Kreuz diese Pforte für uns weit aufgestoßen hat. Von alltäglicher Andacht ist hier nicht die Rede; das Bibellesen ist nicht die enge Pforte, und das Gebet nicht der schmale Weg zu Gott.

Dennoch machen sich Krampf, Druck und schlechtes Gewissen breit, wenn es um das persönliche geistliche Leben geht. Dabei sollte es doch ganz anders sein …

Wie ist es bei Ihnen? Sind Sie auch auf der Suche nach einem geistlichen Leben, das Sie mit Freude erfüllt, aber bisher noch nicht so recht fündig geworden?

Vor einiger Zeit hielt ich ein Seminar auf einer großen christlichen Veranstaltung. Nach meiner Arbeit suchte ich etwas erschöpft einen Bereich auf, der für die vielen Mitarbeiter eingerichtet war: die „Mitarbeiter-Oase". Sie war in einem Zelt untergebracht; hier gab es strenggenommen keine Tür, nur eine Eingangsplane, die zurückgeschlagen war. Ich trat über die Schwelle und war an einem paradiesischen Ort! Hier wurde ich mit Essen versorgt. In einem Café nebenan konnte ich unter Palmen entspannt mit anderen reden, die auch zum Gelingen der Veranstaltung beitrugen. Hier war jede und jeder gleich, egal, ob man einen Vortrag gehalten, Stühle geschleppt oder Kabel verlegt hatte. Eine Popcornmaschine war im Einsatz, es gab kühle Getränke, Kaffee und Kuchen. In einer Ecke standen Computer zur Verfügung, um den Lieben zu Hause eine E-Mail zu schreiben. Ein anderer Raum bot müden Helfern die Gelegenheit, sich auf Feldbetten auszuruhen. Und eine Kapelle lud ein, in der Stille vor das Kreuz zu kommen.

Als ich mich dort staunend umschaute, dachte ich: So müsste unser geistliches Leben sein. So müsste es sein, wenn wir die Nähe Gottes suchen. Hier war ich willkommen, hier musste ich keine Leistung bringen, hier durfte ich aufatmen und Kraft schöpfen.

Ich bin fest überzeugt: Auch Gott möchte, dass unsere Zeit mit ihm wie eine Oase ist. Wenn Sie durch das Eingangstor gehen, liegt Ihr mühsamer Weg durch die Wüste hinter Ihnen. Dies ist der schönste, angenehmste Ort, den Sie an diesem Tag aufsuchen können. Hier kommen Sie wieder zu Kräften. Es werden Vorräte aufgefüllt, um die nächste Etappe auf dem weiteren Weg gestärkt und gut ausgerüstet anzugehen. Und Sie erleben, was Jesus verheißen hat: „Kommt her zu mir, alle, die ihr mühselig und beladen seid; ich will euch erquicken" (Matthäus 11,28).

So möchte Gott, dass wir auf unserem oft mühsamen Weg durch den Alltag bei ihm versorgt werden mit dem, was wir wirklich brauchen. Er möchte, dass wir uns bei ihm zu Hause fühlen. In seiner Gegenwart dürfen wir Kraft schöpfen, Orientierung finden und erfahren, dass wir angenommen sind, egal, mit welchen Gedanken und Erfahrungen wir zu ihm kommen.

Woran liegt es dann, dass viele Christen sich abquälen mit dem Versuch, so etwas wie eine „Stille Zeit" zu halten?

Wie kommt es, dass auf dem Gebiet des persönlichen geistlichen Lebens soviel Krampf herrscht und so wenig Gelassenheit und Freude? Warum lösen die Stichworte „Stille Zeit" und „geistliches Leben" bei vielen eher Schuldgefühle aus anstatt Behaglichkeit?

Schwierigkeiten mit der Stillen Zeit

Natürlich gibt es nicht nur eine, sondern mehrere Ursachen dafür. Die Hauptprobleme bei einer regelmäßigen Stillen Zeit sind oft: Stille und Zeit.

Einen Ort zu finden, wo wir wirklich zur Ruhe kommen, ist manchmal nicht so leicht. Wir leben in einer lauten, unruhigen Welt. Und wenn sich dann einmal „Stille tief um uns breitet", wie es in Bonhoeffers Gedicht „Von guten Mächten" heißt, kann das schnell ungewohnt bis unerträglich werden.

Noch schwerer ist es, Zeit für Gott zu finden. Wer kleine Kinder hat, kann noch so früh aufstehen, die lieben Kleinen sind dann auch wach und beanspruchen alle Aufmerksamkeit. Und abends fehlt oft die Kraft und die Augen fallen zu. Ähnlich schwierig ist es für Leute mit einem anstrengenden Job.

Und dann ist da noch das Stichwort Disziplin. Ohne ein gewisses Maß an Disziplin kann man keine regelmäßige Stille Zeit einrichten. Ich bin ein ziemlich undisziplinierter, chaotischer Mensch und weiß, wovon ich rede. Der innere Schweinehund, den ich manchmal überwinden müsste, um zur Bibel zu greifen, ist oft stärker als ich. Ich vermute, er ist des Teufels Lieblingshaustier.

Mit der Disziplin ist das so eine Sache. Wer hier Schwierigkeiten hat, kann zwar versuchen, sich zusammenzureißen und ein tägliches Programm durchzuziehen. Doch auf diese Weise kommt wahrscheinlich wenig Freude auf. Womit wir wieder bei unserem alten Problem wären: unserer Suche nach einem geistlichen Leben, das eine Quelle der Freude ist. Ein großer Tipp an dieser Stelle lautet: Gestalten Sie Ihre Zeit mit Gott so, dass es Spaß macht! Denn für Dinge, die Spaß machen, finden sich leichter Zeit und Gelegenheit.

Aber wie kann man das umsetzen?

Genau dabei möchte Ihnen dieses Buch helfen.

Denn es gibt noch eine andere mögliche Ursache für ein unerfülltes geistliches Leben: die immer gleichen Vorstellungen, wie eine erfolgreiche und erfüllte Zeit mit Gott auszusehen hat. Bei aller Verschiedenheit der Menschen, die an Jesus glauben, scheinen viele Christen zu denken, es gebe nur eine Art und Weise, mit ihm tägliche Gemeinschaft zu gestalten – eben das, was sie sich unter „Stiller Zeit" vorstellen und was sie meistens auch in ihren Gemeinden gelernt haben. Und das sieht so aus: Vorzugsweise frühmorgens steht man als Christ auf und sucht sich mit seiner Bibel in der Hand einen ruhigen Platz. Dann betet man kurz, liest einen Absatz aus Gottes Wort, denkt darüber nach, macht sich vielleicht Notizen, betet intensiver und startet danach in den Tag.

Nicht, dass Sie mich falsch verstehen: Das ist alles sehr gut! Aber warum sollte das die einzige Methode sein? Wenn wir alle so verschieden sind, mit verschiedenen Stärken, Gaben und Vorlieben ausgestattet sind, und wenn Gott uns genauso geschaffen hat, kennt und liebt – könnte es nicht sein, dass es verschiedene Wege zu einem geistlichen Leben gibt, die jeweils unseren unterschiedlichen Persönlichkeiten entsprechen?

Die Antwort lautet: Ja! Es gibt verschiedene geistliche Zugänge für unterschiedliche Menschen. Und es könnte sein, dass Sie bisher nicht zu einem erfüllten geistlichen Leben gefunden haben, weil Sie zu wenig über Ihren geistlichen Zugang wissen und sich mit geistlichen Übungen herumplagen, die Ihnen nicht liegen.

Natürlich haben wir alle dieselbe Bibel, durch die Gott zu uns spricht. Ich kann als Christ nicht sagen: Bibellesen liegt mir nicht. Doch es gibt verschiedene Methoden und Ideen, Gottes Wort mit in den Tag zu nehmen.

Und natürlich ist das Gebet der Weg, mit unserem Herrn zu kommunizieren. Ich kann nicht sagen: Beten liegt mir nicht. Aber es gibt viele Formen und Möglichkeiten zu beten.

Und so geht es in diesem Buch um zweierlei: zum einen um verschiedene geistliche Zugänge, die „Türen zu Gott", und zweitens um viele gesammelte praktische Anregungen und Ideen dazu. Sie sind sozusagen wie ein Schlüsselbund mit vielen Schlüsseln, mit denen man seine Tür zu Gott aufschließen kann. Dabei gleicht kein Schlüssel dem anderen: Manche sind jahrhundertealt, kunstvoll handgeschmiedet, die aussehen, als kämen sie aus einem Museum. Andere stammen aus unseren Zeiten der Bits und Bytes. Und einige sehen wirklich etwas verrückt aus. Doch das ist nicht entscheidend. Wichtig ist, dass ein Schlüssel passt – zu der Tür, die Sie öffnen möchten.

Ich wünsche Ihnen, dass Sie Ihre Tür und Ihren persönlichen Schlüssel finden!

Lars Quittkat, im Januar 2010

Drei Türen zu Gott

Um es gleich klarzustellen: Es gibt grundsätzlich nur einen Weg zu Gott, und das ist Jesus Christus. Er hat selbst von sich gesagt: „Ich bin der Weg, die Wahrheit und das Leben; niemand kommt zum Vater außer durch mich" (Johannes 14,6).

Ich möchte das betonen, um nicht missverstanden zu werden, wenn ich von verschiedenen geistlichen Zugängen rede. Es gibt keinen geistlichen Zugang zu Gott an Jesus Christus vorbei. Und wenn ich von verschiedenen Türen zu Gott rede, hören wir zuerst auf Jesus, der sagt: „Ich bin die Tür" (Johannes 10,9). Eine Tür zu Gott kann nur Jesus Christus selber sein. Dennoch spricht er verschiedene Menschen auf unterschiedliche Weise an.

In dem Film „Help" aus dem Jahr 1965 spielen die Beatles die Hauptrollen. Es ist ein Film voller Klamauk, mit einer abstrusen Handlung und natürlich mit viel Musik. Am Anfang gibt es eine Szene, in der die vier Jungs aus Liverpool nach Hause kommen. Vor einem Londoner Reihenhaus gehen sie auf vier nebeneinanderliegende Eingänge zu; offenbar sind sie Nachbarn und wohnen alle direkt Tür an Tür. Sie schließen ihre Haustüren auf und gehen hinein. Dann kommt ein Schnitt. Nun sieht man eine Wohnung von innen

– und durch vier Haustüren betreten alle vier den gleichen Raum! Die vier Türen führen gar nicht in verschiedene Häuser. Alle wohnen zusammen, doch jeder hat seinen persönlichen Eingang.

Was im Film als Gag gemeint ist, wurde mir zum Gleichnis, als ich über geistliche Zugänge nachdachte. Ja, so ist es: Wir sind alle eine Gemeinschaft in Christus. „*Ein* Leib und *ein* Geist, wie ihr auch berufen seid zu einer Hoffnung eurer Berufung; *ein* Herr, *ein* Glaube, *eine* Taufe; *ein* Gott und Vater aller, der da ist über allen und durch alle und in allen" (Epheser 4,4–6). Und es gibt – in Christus – verschiedene Zugänge zu diesem Reichtum des Glaubens, verschiedene Türen zu Gott[1].

Verschiedene geistliche Zugänge

Was ist Ihr geistlicher Zugang? Was ist die Tür zu Gott, durch die Sie am liebsten gehen, um seine Nähe zu suchen? Dieses Buch will Ihnen dabei helfen, das herauszufinden und neue Ideen für Ihre Zeit mit Gott zu bekommen.

Im Grunde geht es um eine ganz einfache Weisheit: Wir Menschen sind nicht alle gleich. Wir sehen unterschiedlich aus. Wir sind unterschiedlich groß, sportlich, geschickt und intelligent. Wir haben verschiedene Temperamente und Mentalitäten. Wir sind unterschiedlich geprägt durch unsere Familien und Kulturen. Wir haben verschiedene Gaben und Talente. Was dem einen leicht fällt und Spaß macht, ist für andere eine ungeliebte schwere Aufgabe. Und so haben Christen schon seit jeher immer wieder erfahren, dass verschiedene Menschen verschiedene, individuelle Zugänge zu Gott finden, je nachdem, welche persönlichen Stärken,

Gaben und Vorlieben sie von Gott bekommen haben. „Zu mir spricht Gott auf unterschiedliche Weise", schreibt zum Beispiel John Eldredge, „durch Sonnenuntergänge und durch Freunde, durch Filme und durch Musik, durch die Wildnis und durch Bücher."[2]

In der Gemeinde Jesu ist diese Vielfalt gewollt. Jede und jeder ist hier in der Gemeinschaft mit Jesus Christus willkommen und als geliebtes Kind Gottes angenommen. Dabei ist das, was uns gesellschaftlich oft trennt, in der Gemeinde aufgehoben. Paulus betont dies in seinem Brief an die Galater und nennt die Punkte, an denen das zu seiner Zeit besonders spürbar war: „Hier ist nicht Jude noch Grieche, hier ist nicht Sklave noch Freier, hier ist nicht Mann noch Frau, denn ihr seid allesamt einer in Christus Jesus" (Galater 3,28).

Wir sollen und dürfen die unterschiedlichen Gaben, Talente und Stärken, die wir haben, in dieser Gemeinschaft entdecken und ausleben, zu unserer Freude und zum Wohle anderer. Im ersten Korintherbrief betont er, dass diese große Vielfalt durch Gott „verursacht" wurde: „Es sind verschiedene Gaben, aber es ist ein Geist. Und es sind verschiedene Aufgaben, aber es ist ein Herr. Und es sind verschiedene Kräfte, aber es ist ein Gott, der da wirkt alles in allen" (1. Korinther 12,4–6).

Gott hat uns individuell geschaffen und begabt. Und er möchte, dass wir unsere ganz individuelle Aufgabe finden in der Gemeinde. Es liegt in der Natur der Sache, dass das Aufgaben sind, die uns liegen, die uns leicht fallen und Spaß machen. Und natürlich erfahren wir Gott vor allem in den Bereichen, die uns am meisten entsprechen. Dort suchen wir ihn und dort spricht er zu uns.

Drei Dimensionen des Glaubens

Gott offenbart sich als dreieiniger Gott. Er lässt sich also auf drei Arten erfahren – als Gott den Schöpfer, als Erlöser Jesus und als Heiligen Geist.

Dazu passen die drei Dimensionen unseres Glaubens: Christsein mit Hirn, Hand und Herz.[3]
- Gott ist unser Vater und Schöpfer. Er möchte, dass wir sein Wort hören und verstehen. Hier ist unser Verstand, unser Denken gefragt.
- Gott begegnet uns in seinem Sohn, unserem Erlöser Jesus Christus. Er ruft uns in seine Nachfolge und möchte, dass wir ihm dienen und mit ihm leben, ganz praktisch.
- Und Gott ist unsichtbar gegenwärtig und wirksam durch den Heiligen Geist. Er führt uns und spricht zu uns; die Antenne dafür ist unser Herz.

Alle drei Dimensionen des Christseins gehören zusammen. Das Verstehen von Gottes Wort gehört zum Glauben dazu, ebenso wie die praktische Nachfolge und das Offensein für den Heiligen Geist. Allerdings ist nicht jede dieser Dimensionen des Glaubens bei den meisten von uns gleich stark ausgeprägt.

Es gibt Menschen, die Gott besonders über den Verstand erfahren. Es macht ihnen Freude, in der Bibel Zusammenhänge zu erkennen, Parallelstellen nachzuschlagen oder weiterführende Bücher zu lesen. Andere drängt es, für Gott etwas zu tun. Sie sind gern praktisch tätig und wollen sich für andere einsetzen. Wieder andere zieht es ins Gebet. Sie haben keine Probleme, längere Zeit in der Stille zu verbringen und wissen oft intuitiv, was jetzt von Gott her „dran" ist.

Natürlich schließt das eine das andere nicht aus. Im

Gegenteil, alle drei Dimensionen des Glaubens gehören ja unbedingt zu unserem Leben als Christen dazu. Am besten wäre es also, wenn sie gleich stark entwickelt wären. Doch meistens sind es ein oder zwei dieser Bereiche, die uns besonders liegen. Wenn Sie zum Beispiel gern anderen praktisch dienen und bei der Essensausgabe für Obdachlose Freude und Erfüllung finden, wird Gott wahrscheinlich Erlebnisse und Begegnungen in diesem Dienst dazu nutzen, um Ihnen etwas zu sagen. Bei jemandem, der ein Buch liest oder in der Stille zu Gott kommt, wird es anders sein.

So sind die drei Dimensionen des Glaubens wie drei Türen zu Gott.[4]

Diese Türen stehen allen Christen offen; wir dürfen, ja wir sollen möglichst alle drei benutzen. Schön, wenn das bei Ihnen der Fall ist. Doch die meisten von uns haben eine Tür, die sie bevorzugen. Entdecken Sie also Ihren geistlichen Zugang! Denn wenn Sie erkannt haben, durch welche Tür zu Gott Sie am liebsten gehen, dann können Sie Ihre persönliche Zeit mit ihm darauf ausrichten. Und vielleicht bekommen Sie durch dieses Buch einige Ideen, wie Sie Ihre Zeit mit Gott so gestalten, dass Sie mehr Freude daran haben.

Genauso wichtig wie das Entdecken des Lieblingszugangs ist es übrigens, zu sehen, welche Tür Sie nicht so gern öffnen. Auch diese Tür ist eine Dimension Ihres Glaubens, die unbedingt zu Ihrem Christsein dazugehört und um die Sie sich kümmern sollten.

In den folgenden Kapiteln werde ich Ihnen die drei Türen zu Gott vorstellen, dazu viele Anregungen, wie Sie Ihr persönliches geistliches Leben im jeweiligen Bereich gestalten können. Am besten, Sie probieren sie einfach mal aus ...

Die erste Tür: Auf Gott hören

 **Der rationale Zugang zu Gott**

Ich war fünfzehn Jahre alt, als ich Christ wurde. Im Rückblick gab es so einiges, das dazu geführt hatte, aber der entscheidende Anstoß war ein Buch und das, was nach dem Lesen in meinem Kopf passierte.

Das Buch enthielt eine Auswahl mit den wichtigsten Texten aus der Bibel, in großer Schrift und lesbarer Übersetzung. Ich las es nicht, weil ich mehr von Gott erfahren wollte, sondern weil ich auf der Suche nach Bibelsprüchen war, die etwas mit Gewaltfreiheit und Frieden zu tun hatten. Es war die Zeit der Nachrüstungsdebatte und der Friedensbewegung. Und jeder Junge in meinem Alter wusste, dass er sich eines Tages entscheiden musste, ob er zur Bundeswehr gehen oder Zivildienst leisten sollte. Für mich war klar: Ich würde den Dienst an der Waffe aus christlichen Motiven verweigern. Allerdings wusste ich nicht genau, was ein Christ ist, auch wenn der Konfirmandenunterricht in unserer landeskirchlichen Gemeinde eine schöne Zeit war. Das einzige, was ich hatte, waren mein Gefühl und meine jugendlichen Gedanken, die mir sagten: Ich finde den Wehrdienst nicht richtig, und Gott hat auch etwas mit dieser Sache zu tun.

Mir reichte das als Teenager völlig. Doch da war noch diese beunruhigende Aussicht, meine Verweigerung begründen zu müssen. Damals saß man bei der Gewissensprüfung noch einigen nicht immer wohlgesonnenen Herren gegenüber; denen würden meine ungeordneten Gedanken und Gefühle über Frieden und Gott nicht reichen, das war mir klar. Also mussten ein paar gute Bibelsprüche her. Doch wie kam man an die ran? Die Bibel war ja ein dickes Buch mit Hunderten von eng bedruckten Seiten! Ich hatte keine Ahnung, was da drin steht, von einer Konkordanz hatte ich noch nie gehört und das Internet gab es noch nicht.

Da fiel mir in einem Buchladen ein Auswahlband der „Guten Nachricht" in die Hände. Ich kaufte ihn als Geschenk für meine Oma, die gerade Geburtstag hatte, lieh mir das Buch gleich wieder aus, las es in einem Zug durch – und war überrascht. Ich hatte gedacht, die Bibel sei voller Sprüche und einzelner Geschichten, die irgendwie gesammelt und dann aufgeschrieben wurden. Nun sah ich in meinem Schnelldurchgang, dass die Bibel nicht etwa ein Sammelsurium war, sondern dass es tatsächlich einen roten Faden gab. Und was mir auch völlig neu war: Hier ging es nicht nur um Geschichten, sondern vor allem um eine Geschichte, und zwar um die von Jesus – und mir! Denn was hier von Jesus berichtet wurde, hatte ein offenes Ende. Er war gestorben und auferstanden. Ich wollte wissen, wie es weiterging und las das Buch zu Ende; es kamen noch einige ausgewählte Abschnitte aus der Apostelgeschichte und den Paulusbriefen und ein merkwürdiger Absatz aus der Offenbarung, mit dem ich nichts anfangen konnte. Aber auch auf den letzten Seiten fand ich kein Ende der Story! Und mir ging auf, was das bedeutete: Jesus war immer noch gegenwärtig, er war jetzt hier – bei mir!

Meine Suche nach brauchbaren Sprüchen war vergessen; jetzt ging es um Aufregenderes. Ich hatte das Gefühl, dass sich in meinem Kopf meine Gedanken neu ausrichteten. Vieles von dem, was ich vorher als gut oder schlecht angenommen hatte, fand ich hier wieder, aber alles bezog sich auf eine Person: Jesus. Und wie die Speichen eines Fahrrads erst durch die Nabe in der Mitte einen Halt und Sinn bekommen, fanden meine Gedanken, Meinungen und Wünsche in diesem Jesus einen Halt. Auf einmal hatte alles System; was vorher unzusammenhängend war, passte plötzlich in einen Zusammenhang. Und da war diese Sache mit der Auferstehung und dem offenen Ende ... Ich beschloss, von jetzt an mit Jesus zu leben. Ein sogenanntes „Übergabegebet" sprach ich allerdings nicht, denn ich wusste nicht, was das war. Ich saß in keiner christlichen Veranstaltung, sondern allein in meinem Zimmer. Auch eine Gemeinde suchte ich erst einmal nicht auf, denn ich war überzeugt, ich sei der einzige Verrückte in dieser Welt, der das alles jetzt ernst nimmt (bis ich bald darauf in meiner Schule andere Verrückte dieser Art kennenlernte). Alles, was ich in diesen entscheidenden Tagen hatte, war ein Buch und das, was in meinem Kopf geschah.

Erst heute weiß ich, dass der Weg, wie ich zu Gott gefunden hatte, nicht der allgemein übliche war. Aber es war eben *mein* Weg, eine Begegnung mit Jesus über meinen Verstand. Natürlich waren auch eine Menge Gefühle beteiligt; es war wahrscheinlich ein ziemlich bunter Mix aus allem. Doch ich kann mich noch sehr genau daran erinnern, was mit meinen Gedanken passierte. Dabei war ich nicht schlauer als andere. Es war einfach so, dass mich Gott durch meine Gedanken erreichen konnte und mir diese Tür zu ihm geöffnet hatte.

Vielleicht fühlen Sie sich jetzt bestätigt, weil Sie Gott auch schon über den Verstand erlebt haben. Das ist ganz natürlich, denn wir denken immer, jederzeit. Unser Gehirn arbeitet ununterbrochen. Wenn das nicht so wäre, könnten Sie dieses Buch nicht lesen, denn dann wären Sie tot. Als Gott Sie geschaffen hat, hat er Ihnen ein funktionierendes Gehirn gegeben und eine Fähigkeit, die Sie vom Tier unterscheidet: Bewusstes Denken. Sie können sich selbst erkennen. Sie können Zusammenhänge verstehen. Sie können mit Ihrem Denken in die Vergangenheit gehen und sich an Ereignisse erinnern, in die Zukunft denken, planen und organisieren. Und Sie können Informationen aufnehmen und auswerten. Das heißt mit anderen Worten: Sie können lernen. Ich rede nicht davon, wie gut Sie das im Einzelnen können, sondern stelle einfach fest, *dass* Sie das können. Es geht hier nicht um Ihren IQ oder Ihren Schulabschluss. Es geht bei dieser Tür zu Gott nicht um religiöse Bildung oder ein geistliches Abitur. Sondern es geht darum, mit dem Verstand, den Gott Ihnen gegeben hat, ihn zu erfahren und besser zu verstehen.

Doch gerade hier kann es Probleme geben. Glauben und Denken streiten sich öfter, und der Abstand zwischen Kopf und Herz kann die längste Strecke der Welt sein. Wenn Gott uns unseren Verstand gegeben hat, damit wir ihn verstehen, woher kommen dann diese Schwierigkeiten?

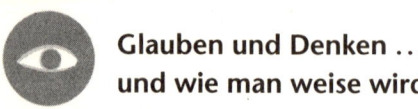

Glauben und Denken ... und wie man weise wird

Die Antwort finden wir auf den ersten Seiten der Bibel, wo darüber berichtet wird, dass der Mensch autonom sein und unabhängig von Gott Entscheidungen treffen wollte

(1. Mose 3). Dieser Entschluss hat unser Denken nicht unberührt gelassen, ganz im Gegenteil. Wenn wir denken, sind eben *wir* es, die hier denken, und wir sind im Gegensatz zu Gott nicht unfehlbar und schon gar nicht gut. Wir ziehen unsere Schlüsse nach bestimmten Maßstäben, die wir verinnerlicht haben und die uns oft nicht bewusst sind. Wenn uns die Bibel mit Aussagen konfrontiert, die unser Denken und unsere Maßstäbe infrage stellen, fordert sie uns auf, auch mit unserem Denken zu Gott zu kommen, uns von ihm erneuern zu lassen. Bekehrung findet auch im Kopf statt. Wenn Jesus uns auffordert, ihm nachzufolgen, bezieht sich das auch auf unser Denken. Viele unserer verinnerlichten Werte und Wahrheiten werden dann durch ihn hinterfragt. Allein die Auferstehung und die Möglichkeit, dass er Wunder tun kann, sprengt unsere Vorstellungskraft. Gerade deshalb muss Bekehrung auch im Denken stattfinden. Die Bibel fordert uns heraus, in unserem begrenzten Denken offen zu werden für Gottes unbegrenzte Möglichkeiten.

Dieses bekehrte, von Gottes Geist erneuerte Denken wird in der Bibel „Weisheit" genannt. Weisheit ist unabhängig von Intelligenz und Bildungsgrad. Es gibt in unseren Gemeinden einfache Menschen mit geringer Schulbildung, die sehr weise sind.

Im Buch der Sprüche lesen wir, was Weisheit ausmacht: „Wer weise ist, der höre zu und wachse an Weisheit, und wer verständig ist, der lasse sich raten, dass er verstehe Sprüche und Gleichnisse, die Worte der Weisen und ihre Rätsel" (Sprüche 1,5–6).

Vier Dinge werden hier genannt, die uns weise werden lassen:

Hören
Wer weise ist, der höre zu.
Wer zuhört, kreist nicht mehr nur um sich selbst, sondern öffnet sich gegenüber anderen. Manche können gut zuhören, andere müssen es üben. Das gilt besonders, wenn es darum geht, zu hören, wenn Gott uns etwas sagt. Zum Glück sind wir dabei nicht auf wilde Spekulationen angewiesen, sondern können sein Wort lesen. Die Bibel ist ein großes Geschenk gerade für Menschen, die über den Verstand Zugang zu Gott suchen. Wir haben Gottes Wort schwarz auf weiß. Darauf zu hören bedeutet zunächst, es zu lesen und zu verstehen. Als nächstes kommt es darauf an, auf sein Wort zu hören im Sinne von „gehorchen": Ich soll das, was ich von seinem Wort verstanden habe, in meinem Alltag umsetzen. Was wir im Kopf begreifen, soll auch Herz und Hand erreichen – die drei Dimensionen unseres Glaubens werden vereint; alle drei Türen führen in einen Raum.

Wachsen
... und wachse an Weisheit.
Wachsen braucht Zeit. Weisheit wächst durch Erfahrung. Ein weiser Mensch weiß aus Erfahrung, wie es sich anfühlt, Schuld zu bekennen, geistliche Durststrecken durchzustehen, mit Angst und Zweifeln zu ringen und mit Enttäuschung fertig zu werden. Ein weiser Mensch kann aber auch von Gebetserhörungen berichten und von Situationen, in denen er von Gott gelernt hat. Wer weise ist, hat Erfahrungen mit Gott gemacht, die ihm und anderen helfen.

Aber es reicht nicht, wenn wir etwas mit Gott nur erlebt haben. Ein Erlebnis wird erst dann zur Erfahrung, wenn wir daraus lernen. Dazu müssen wir uns fragen, was das Erlebte für uns bedeutet. Was habe ich daraus über Gott und mich gelernt? Manche Christen erleben viel mit Gott, aber erfahren nichts. Sie fahren zu Veranstaltungen, Kongressen und Kirchentagen und lassen sich begeistern von der Stimmung, aber zu Hause, im grauen Alltag, ist nichts mehr davon spürbar. Also muss das nächste Erlebnis her. So ein Eventchristentum führt nicht zur Weisheit, solange die Erlebnisse nicht zur Erfahrung werden. Weise Menschen fragen danach, was die Ereignisse in ihrem Leben bedeuten. Sie denken darüber nach vor dem Hintergrund von Gottes Wort und vertrauen ihm die Erlebnisse im Gebet an.

Rat annehmen
... und wer verständig ist, der lasse sich raten.
Wer weise ist, weiß, dass er selbst nicht alles weiß oder kann. Es ist weise, von anderen Rat und Hilfe anzunehmen. Das setzt voraus, dass man Schwäche zugeben kann und die eigenen Grenzen sieht. Und dass man offen ist auch für Kritik. Wer andere fragt, muss sich auch hinterfragen lassen. Wer sich von anderen etwas sagen lässt, bekommt manchmal Unangenehmes über sich selbst zu hören. Doch nur das bringt weiter und lässt uns im Glauben reifen. Übrigens gibt es eine menschliche Eigenschaft, die dabei sehr hilfreich ist: Humor. Wer Humor hat und auch über sich selbst lachen kann, nimmt sich selbst nicht so wichtig. Mit Humor werden Fehler und Schwächen erträglich. Humorlose Menschen dagegen neigen dazu, bei Problemen aus Mücken Elefanten zu machen und können schwer verzeihen.

Lernen
... dass er verstehe Sprüche und Gleichnisse,
die Worte der Weisen und ihre Rätsel.

Wer weise sein will, entscheidet sich dafür, zu lernen. Das geschieht, indem wir unseren Lebensweg mit Jesus gehen und ihm nachfolgen. Dabei kommt alles zusammen: das Hören auf sein Wort, das Wachsen des Glaubens durch Erfahrungen und der Rat von Gott und anderen Menschen.

Ich finde es faszinierend, wie Jesus seine Jünger gelehrt hat. Das fand nicht in Bibelkreisen und Seminarräumen statt, sondern unterwegs. Mit dem Ruf in die Nachfolge lud er die Jünger ein, mit ihm zu leben. Unterwegs lernten sie in der Gemeinschaft mit ihm. Sie hörten auf sein Wort, erlebten Heilungen und konnten sich darüber austauschen. So manches Mal wurden sie von ihm zurechtgewiesen. Doch er gab ihnen auch seine Verheißungen mit auf den Weg. Nur weil die Jünger auf diese Weise mit Jesus unterwegs waren, erlangten sie die Reife, um später als Apostel Verantwortung für die erste Gemeinde zu tragen.

Das Schöne an diesen vier Schritten zur Weisheit ist, dass man sie lernen kann. Das braucht allerdings Zeit und Geduld. Doch gerade wenn Sie sich in diesem Kapitel wiederfinden und Sie vor allem über den Verstand zu Gott kommen, sind das hilfreiche Schritte für Sie, Ihren Glauben zu vertiefen.

„Kopf-Menschen" in der Bibel

Es hat mich ermutigt, als ich entdeckt habe, dass es schon in der Bibel etliche Menschen gibt, die vor allem ihren Verstand gebrauchten, um Gott zu erfahren. Es sind ganz verschiedene Persönlichkeiten und Charaktere. Sie haben nicht eine bestimmte Ausbildung gemeinsam, sondern den Wunsch, Gott zu verstehen. Die Tür des Verstehens – der rationale Zugang zu Gott – war für ihren Glauben entscheidend.

Einer, der vermutlich durch und durch ein „Kopfmensch" war und dessen Name schon fast sprichwörtlich für Weisheit steht, ist Salomo. „Und Gott gab Salomo sehr große Weisheit und Verstand und einen Geist, so weit, wie Sand am Ufer des Meeres liegt ... Und aus allen Völkern kam man, zu hören die Weisheit Salomos, und von allen Königen auf Erden, die von seiner Weisheit gehört hatten" (1. Könige 5,9.14). Ein heller Kopf, zweifellos. Allerdings wissen wir sehr wenig darüber, wie sich seine Weisheit in seinem persönlichen Leben ausgewirkt hat. Was seinen Glauben betrifft, wird eher Negatives berichtet. Er baute zwar einen großen Tempel, allerdings konnte sich sein Palast daneben auch durchaus sehen lassen. Und die Weisheit, die Gott ihm gegeben hatte, hinderte ihn nicht daran, dann doch auch andere Götter zu verehren.

Also stelle ich Ihnen jetzt lieber zwei andere Menschen der Bibel vor. Wenn Sie Ähnlichkeiten bei sich entdecken, könnte die Tür des Denkens vielleicht auch Ihr bevorzugter geistlicher Zugang sein.

Paulus

Paulus hat wie kein anderer den Glauben an Jesus Christus durchdacht und seine Erkenntnisse schriftlich festgehalten. Dabei sind seine Gedanken so tief, dass viele Bereiche der theologischen Wissenschaft bis heute im Grunde nur versuchen, zu verstehen und auszulegen, was er gemeint hat. Zugegeben, manches ist schwer verständlich. Das fand sein

Kollege, der Apostel Petrus, damals auch schon. Im zweiten Petrusbrief schreibt er: „Begreift doch: Unser Herr zögert nur aus Geduld, damit ihr gerettet werdet! Genau das hat euch auch unser lieber Bruder Paulus geschrieben, dem Gott viel Weisheit gegeben hat. Er sagt das in allen seinen Briefen, wenn er über dieses Thema schreibt. Es gibt in ihnen allerdings einige schwierige Stellen…" (2. Petrus 3,15–16; Hfa). Jemand hat die Sätze von Paulus einmal mit Brühwürfeln verglichen: Man muss sie auflösen, damit man sie zu sich nehmen kann. Ein schöner Vergleich. Denn mitunter verdichtet Paulus seine Gedanken so stark, dass man genauer hinschauen und seine komprimierten Sätze auflösen muss. Das kann mühsam sein. Moderne Übersetzungen helfen dabei; sie machen manchmal aus einem Satz von Paulus zwei oder drei. Doch trotz dieser Schwierigkeiten sind die Briefe des Paulus für den Glauben aller Christen ein Segen von unschätzbarem Wert, besonders für Menschen, die die Tür des Verstehens als Zugang zu Gott bevorzugen.

Paulus war ohne Zweifel ein scharfer Denker und besaß eine hervorragende Bildung. Er war in Philosophie unterrichtet worden und wurde in einer der besten jüdischen Schulen zum Pharisäer ausgebildet. Paulus ist ein gutes Beispiel dafür, wie ein ganzes Gedankensystem durch den Glauben auf den Kopf gestellt werden kann. Durch seine Ausbildung kam er zu dem klaren Schluss, dass Jesus ein Betrüger und Gotteslästerer sein müsse. Und er zog die Konsequenzen: Er ließ sich Steckbriefe geben und verfolgte die ersten Christen. Auf dem Weg nach Damaskus stellte sich ihm dann Jesus selbst in den Weg. Wie stark diese Begegnung seinen klaren Blick erschütterte, ist daran ablesbar, dass er plötzlich blind war. Doch Blinde hören umso intensiver. Als er in Damaskus von Christen aufgenommen wurde, erfuhr er mehr von Jesus. Es muss für ihn eine Zeit gewesen sein, in der sich sein ganzes Denken komplett umstrukturierte. Danach hatte er nichts vergessen oder verdrängt, aber alles war auf Jesus Christus ausgerichtet – bekehrtes Denken.

Vieles, was Paulus in seinen Briefen geschrieben hat, waren nicht nur eigene Schlussfolgerungen und scharfsinnige Gedanken, sondern auch direkte Offenbarungen Gottes. Sein Denken gebrauchte Gott nicht nur dazu, andere zu lehren, sondern auch, um ihm persönlich zu begegnen. Das Denken war sein besonderer Zugang zu Gott.

Thomas

Wenn es um die Schwierigkeit geht, Glauben und Denken zu vereinbaren, kommt uns meist als erstes der Jünger Thomas in den Sinn. Als Jesus nach der Auferstehung seinen Jüngern erschien, war Thomas nicht da. Sie erzählten ihm begeistert, dass sie den auferstandenen Herrn gesehen hätten, doch Thomas ließ sich nicht anstecken von ihrer Euphorie. Er blieb skeptisch: „Wenn ich nicht in seinen Händen die Nägelmale sehe und meine Hand in seine Seite lege, kann ich's nicht glauben", wendete er ein. Als dann Jesus den Jüngern erneut erschien, tadelte er Thomas nicht für seine Zweifel, sondern forderte ihn auf, sich von der Wahrheit zu überzeugen. Darauf antwortete Thomas mit dem Bekenntnis: „Mein Herr und mein Gott!" (Johannes 20,24–31).

Es ist bemerkenswert, dass in dem Bericht über dieses Ereignis nicht erwähnt wird, ob Thomas tatsächlich seine Hand ausstreckte und Jesus berührte. Ich denke, dass es in diesem Moment nicht mehr wichtig für ihn war. Etwas hatte ihn, den kritischen Geist, entscheidend verändert. Ich stelle mir vor, Thomas hatte es ganz einfach nicht mehr nötig, seine Hand auszustrecken, als er Jesus gegenüberstand.

Jetzt war er erstaunlicherweise sofort bereit, sein Denken korrigieren zu lassen. Und das war wahrlich keine Kleinigkeit! Doch in diesem Moment war für ihn alles klar, und zugleich war alles anders als vorher. Sein Bekenntnis „Mein Herr und mein Gott" zeigt, was in ihm vorging. Dadurch, dass er das griechische Wort für „Herr" (kyrios) verwendete, das damals von einem Sklaven gebraucht wurde, um seinen Besitzer anzusprechen, drückte Thomas aus: „Jesus, du bist mein Herr, ich gehöre dir ganz und will dir gehorchen, auch mit meinem Denken. Und die Anrede „mein Gott" zeigt, dass Thomas verstanden hat, dass für den Auferstandenen nichts unmöglich ist.

Der Jünger Thomas wird oft als Kritiker, Zweifler und Ungläubiger dargestellt. Doch im Grunde war er nur einer, der es genau wissen wollte. Das wird auch an einer anderen Stelle im Johannesevangelium deutlich. Als Jesus vor seinem Leidensweg die Jünger darauf vorbereitete, dass er bald nicht mehr sichtbar bei ihnen sein würde, weil er zum Vater gehen wird, sagte er ihnen: „den Weg wisst ihr" (Johannes 14,4). An dieser Stelle hakte Thomas ein: „Herr, wir wissen nicht, wo du hingehst; wie können wir den Weg wissen?" Es scheint so, als würde Thomas das aussprechen, was alle denken. Er erkannte, was unklar war, und fragte nach. Damit brachte er Jesus dazu, einen seiner bekanntesten Sätze über sich selbst zu sagen: „Ich bin der Weg und die Wahrheit und das Leben; niemand kommt zum Vater außer durch mich" (Johannes 14,6).

 ## „Kopf-Menschen" in der Geschichte

Es gab in der Geschichte des Christentums viele große Denker. Die Schriften von Augustinus, Thomas von Aquin, Martin Luther oder Dietrich Bonhoeffer sind immer noch aktuell und können uns helfen, Zusammenhänge des Glaubens zu verstehen und Antworten auf wichtige Fragen zu finden. Ein sehr anschauliches Beispiel dafür, wie jemand durch das Denken zum Glauben finden kann, ist der Schriftsteller und Literaturwissenschaftler C. S. Lewis.

Widerwillige Bekehrung – C. S. Lewis

Den meisten ist C. S. Lewis bekannt durch seine Narnia-Bände, die mehr als vierzig Jahre nach seinem Tod erfolgreich verfilmt wurden. Seine Fantasie und Begeisterung für Mythen und Geschichten machten nur die eine Seite seiner Persönlichkeit aus. Auf der anderen Seite stand sein scharfes, klares Denken. In seinen Büchern über Glaubensthemen hat Lewis vielen Menschen geholfen, mittels ihres Verstandes den Glauben zu vertiefen.

Als Lewis Literaturprofessor in Oxford war, verfasste er neben wissenschaftlichen Texten immer wieder auch märchenhafte Geschichten und traf sich regelmäßig mit Freunden, die Ähnliches zu Papier brachten. Die „Inklings", wie sie sich nannten, lasen einander ihre Texte vor und tauschten sich darüber aus. Zu diesem Kreis gehörte auch J. R. R. Tolkien, der Autor von „Der Herr der Ringe". Doch Lewis und Tolkien verband viel mehr als ihr Beruf und ihr Hobby. Durch Tolkien wurde der hartgesottene Atheist Lewis schließlich Christ. Und dazu war es nötig, dass sein scharfsinniges Denken vom Glauben erobert wurde. Seinen einstigen Kinderglauben hatte er nämlich schon sehr früh verloren. Schwere

Verlusterfahrungen, der Tod seiner Mutter, und gesundheitliche Probleme ließen ihn schon als Zwölfjährigen an der Existenz Gottes zweifeln und er bezeichnete sich bald als Atheisten[5].

Zur Vorbereitung auf die Aufnahmeprüfung an der Universität nahm ihn ein alter Lehrer namens Kirkpatrick unter seine Fittiche. Dieser Mann hatte die Angewohnheit, alle Sätze seiner Gesprächspartner, die auch nur irgendeinen unklaren Begriff oder Gedanken enthielten, in der Luft zu zerreißen. „Wenn je ein Mensch annähernd so etwas war wie ein logisches Wesen, dann war es Kirk. (…) Der Gedanke, menschliche Wesen könnten ihre Stimmorgane zu etwas anderem gebrauchen als zum Mitteilen und Entdecken der Wahrheit, war für ihn völlig abwegig. Die beiläufigste Bemerkung fasste er als Herausforderung zur Diskussion auf"[6], erinnerte sich Lewis. Diese radikal logische Schule des Denkens prägte ihn sein Leben lang.

Lewis lernte bei Kirk nicht nur die alten Sprachen so gut, dass er in ihnen denken konnte, er fand in ihm sein Vorbild. Vor allem lernte er von ihm die Liebe zur Wahrheit – diese herauszufinden, sollte das oberste Ziel des Denkens sein. Und genau diese Wahrheitsliebe, die Fähigkeit, klare Begriffe zu verwenden und logisch zu argumentieren, war schließlich entscheidend für seine Hinwendung zum christlichen Glauben. Erste Annäherungen und Berührungspunkte gab es, als er während seiner Lehrtätigkeit auf Texte englischer Schriftsteller stieß, die ihn faszinierten – und die zu seiner Verwunderung Christen waren. „George MacDonald hatte mehr in mir bewirkt als jeder andere Schriftsteller; freilich war es ein Jammer, dass er diese Marotte mit dem Christentum hatte. Er war trotzdem gut. Chesterton war vernünftiger als alle anderen Modernen zusammen, abgesehen natürlich von seinem Christentum. Johnson war einer der wenigen Autoren, von denen ich das Gefühl hatte, ihnen vollkommen vertrauen zu können; eigenartigerweise hatte er die gleiche fixe Idee. Spenser und Milton hatten sie durch einen merkwürdigen Zufall auch. (…) Doch der Beunruhigendste von allen war George Herbert. Hier war ein Mann, der mir alle anderen Autoren, die ich je gelesen hatte, darin zu übertreffen schien, die Qualität des Lebens auszudrücken, wie wir es tatsächlich von Augenblick zu Augenblick leben, doch anstatt das direkt zu tun, bestand der elende Kerl darauf, es durch ‚christliche Mythologie', wie ich es damals noch genannt hätte, zu vermitteln."[7]

Ende der Zwanzigerjahre entwickelte sich zwischen Lewis und seinem Kollegen Tolkien eine tiefe Freundschaft. Tolkien war Christ, und das war für Lewis dennoch zunächst sehr befremdlich: „Diese eigenartigen Leute schienen jetzt auf allen Seiten aufzutauchen"[8], wunderte er sich. Lewis fühlte sich schließlich mehr und mehr dazu gedrängt, seine Vorurteile fallen zu lassen und gab schließlich seine atheistische Haltung auf. „Im Trinity Term 1929 lenkte ich ein und gab zu, dass Gott Gott war, und kniete nieder und betete; vielleicht in jener Nacht der niedergeschlagenste und widerwilligste Bekehrte in ganz England."[9] Lewis war nun von der Existenz Gottes überzeugt. Doch zum persönlichen Glauben an Christus kam er erst nach einem langen, nächtlichen Gespräch mit Tolkien und einem weiteren Freund, Dyson. Die beiden halfen ihm schließlich, „den letzten Zaun zu übersteigen"[10]. Am Ende einer Gelehrtendiskussion über das Verhältnis von Mythos und Geschichte stand also die endgültige Entscheidung für den Glauben.

In den folgenden Jahren begann Lewis, in Vorträgen, Radiosendungen und Büchern Themen des Glaubens zu erklären. Dabei waren zwei Kräfte immer spürbar: Das eine war sein Humor. Und das andere war sein Scharfsinn, mit dem er immer versuchte, die Dinge konsequent zu durchdenken. Dabei scheute er keine Auseinandersetzung. Im „Socratic Club" in Oxford diskutierte er mit Atheisten und Skeptikern über philosophische und theologische Fragen. Bis heute hat C. S. Lewis vielen Menschen geholfen, sich über den Verstand dem Glauben zu nähern und durch die Tür des Denkens zu Gott zu kommen.

 ### Sind Sie ein „Kopf-Mensch"?

An dieser Stelle frage ich mich, ob die Absätze über Weisheit und die Geschichte von C. S. Lewis Sie vielleicht unsicher gemacht haben könnten. Vielleicht würden Sie sich ja gern in den Denk-Bereich einordnen, trauen sich aber nicht so recht, die Türklinke dieses Zugangs zu Gott in die Hand zu nehmen. Denn wer bezeichnet sich selbst schon als weise oder vergleicht sich mit einem philosophisch geschulten Professor? Vielleicht kämpfen Sie auch noch mit der Vorstellung, „Kopf-Menschen" seien verkopfte Menschen ohne Gefühle und praktisches Geschick, was natürlich so nicht stimmt. Genauso wenig geht es bei diesem Zugang um irgendeinen Bildungsgrad, auch wenn Menschen, die über ihr Denken Gott suchen, gern lernen. Deshalb möchte ich Sie noch einmal ermutigen: Wenn Sie spüren, hier könnte Ihre geistliche Tür sein, treten Sie ein!

Die folgenden Aussagen können Ihnen helfen, sich selbst besser einzuschätzen. Wenn Sie den Sätzen zustimmen, haben Sie möglicherweise Ihren Zugang entdeckt.

- [ ] Sie stellen oft Fragen, die den Zusammenhang von Glauben und Denken betreffen. Die Beschäftigung mit schwierigen Themen finden Sie nicht abschreckend, sondern eher faszinierend.
- [ ] Sie finden es wichtig, dass in der Gemeinde vertiefende Seminare und Bibelkreise angeboten werden.
- [ ] Im Gottesdienst erwarten Sie von der Predigt eine fundierte Auslegung des Bibeltextes und weiterführende Gedanken. Sie haben nichts dagegen, geistig gefordert zu werden. Meditative oder seelsorgerliche Predigten, deren Gewicht auf Tröstung oder Zuspruch der Liebe Gottes liegt, mögen Sie nicht so sehr.
- [ ] Wenn Sie die Bibel lesen, möchten Sie gern mehr wissen und verstehen. Sie lesen flächendeckend lange Texte aus dem Alten Testament, können aber auch über einzelne Verse aus den Paulusbriefen grübeln und dazu Parallelstellen nachschlagen. In der Nähe Ihrer Bibel liegen meist auch Hilfen wie eine Konkordanz, ein Kommentar oder ein Lexikon bereit.
- [ ] Bücher sind für Sie vor allem Diskussionspartner und Lehrer aus Papier. In der christlichen Bücherstube macht Sie das Regal mit Bibelauslegungen und etwas nüchtern aussehenden theologischen Büchern neugierig.
- [ ] In Ihrer Gemeinde wird ein Seminar über Glaubensfragen geplant. Sie möchten mitarbeiten, am liebsten bei der inhaltlichen Vorbereitung. Auch organisatorische Aufgaben wären etwas für Sie. Andere Arbeitsbereiche wie Technik, Dekoration, Bistro oder die Gebetsgruppe überlassen Sie lieber anderen.
- [ ] Sie stoßen im Internet auf das Ferienseminar einer Bibelschule, an dem jeder teilnehmen kann. Es findet in einem altehrwürdigen englischen College statt, in dem

Sie auch wohnen werden. Das Seminar trägt den Titel „Paulus – sein Leben, seine Briefe, seine Theologie". Die Referate sind in deutscher Sprache oder werden übersetzt; eine reichhaltige Bibliothek steht zur Verfügung. So etwas wollten Sie immer schon einmal machen! Sie nehmen Kontakt auf und melden sich an.

 **Einige Hinweise vor dem Öffnen der ersten Tür**

Christen mit der starken Neigung, vor allem über den Verstand Gott nahe zu kommen, haben meist die Gabe der Erkenntnis und können anderen ihr Wissen über Gott weitergeben. Sie können Situationen vom biblischen Standpunkt aus beurteilen (die Gabe der Weisheit) und auf diese Weise gute Ratgeber und Lehrer sein. Vielleicht sind manche auch mit den Gaben der Leitung und der Organisation ausgestattet*. Sie haben Freude daran, beim Bibellesen genauer nachzufragen und mehr darüber herauszufinden. Sie interessieren sich für biblische Zusammenhänge und Hintergründe. Sie lesen sachbezogene Bücher. Und vielleicht sind sie manchmal etwas nüchterne Zeitgenossen, die sich gern zurückziehen und die Gemeinschaft scheuen. Dabei haben sie anderen viel zu geben, denn sie können das Verständnis von Gottes Wort vertiefen, und helfen, Antworten auf Fragen zu finden. Sie vermitteln Sicherheit. Ihre Stimme ist wichtig, wenn es darum geht, zu beurteilen, was falsch und was richtig ist.

---

* Auf die einzelnen Gaben kann in diesem Buch nicht näher eingegangen werden. Mehr dazu bei Christian A. Schwarz, Die 3 Farben deiner Gaben. Emmelsbüll 2001, und bei Bill Hybels u. a., D.I.E.N.S.T. Entdecke dein Potential. Teilnehmerbuch. Asslar, 6. Aufl. 2007

Aber „Kopf-Menschen" brauchen auch die Gemeinschaft mit anderen, die andere Gaben und andere Zugänge zum Glauben haben. Denn oft können Menschen, die im rationalen Bereich ihre Stärke haben, mit den anderen beiden Zugängen – Hand und Herz – nicht so viel anfangen. Am ehesten liegt „Kopf-Menschen" vermutlich noch der meditative Zugang, die Herz-Tür. Dabei halten sich etliche gern an die Liturgie traditioneller Gottesdienste und an klare tägliche Rituale. Doch oft haben sie Schwierigkeiten mit dem praktischen Bereich – sie besuchen Bibelkreise oder leiten sie sogar, doch wenn es darum geht, den Jugendraum der Gemeinde zu renovieren oder bei einer Hilfsaktion mitzumachen, sind sie zögerlich. (Das ist übrigens umgekehrt genauso.)

Natürlich sind das alles nur Tendenzen. Wenn es bei Ihnen anders ist, ist das gut. Wichtig ist nur, auch für die Bereiche des Glaubens, die bei Ihnen nicht so stark ausgeprägt sind, einen ehrlichen Blick zu bekommen. Darum: Lesen Sie nicht nur die praktischen Vorschläge in diesem Kapitel, sondern stöbern Sie auch in den anderen. Denn auch zu den anderen Türen gibt es Schlüssel, die für Sie „passen" könnten!

Die passenden Schlüssel: Geistliche Ideen für den Verstand

Andachtsbücher

Menschen mit einem stark rationalen Zugang zum Glauben kommen mit herkömmlichen Formen der Stillen Zeit meist ganz gut klar. Wenn Sie dazugehören, haben Sie die klassischen Hilfen wie Bibellesepläne, Andachtsbücher und Losungen sicher längst für sich entdeckt. Bei den christlichen

Verlagen und Bibelgesellschaften gibt es ein breites Angebot – von 1-Minuten-Andachten bis hin zu intensiven Bibelstudienprogrammen: Hier haben Sie die Qual der Wahl und können aus dem Vollen schöpfen. Probieren Sie aus, was Ihnen Appetit macht und finden Sie heraus, womit Sie am besten zurechtkommen.

Anregungen und Hilfen zum Bibellesen und zur Gestaltung einer persönlichen Stillen Zeit gibt es natürlich nicht nur in Form von Büchern und Zeitschriften, sondern auch im Internet. Das Stöbern mit Suchmaschinen lohnt sich. Es gibt etliche Seiten mit Predigten. Und unter der Adresse *www.kalorienbomben.org* wird ein gehaltvolles Bibelarbeits-Menü zusammengekocht, das die ganze Woche über satt macht. Guten Appetit!

Bibelkommentare
Wer sich Gott über den Verstand nähert, hat oft das Bedürfnis, einen Bibeltext tiefer zu verstehen. Wenn Sie gern ein Buch der Bibel Absatz für Absatz studieren wollen, probieren Sie es doch einmal mit einem Kommentar. In einem Kommentar wird ein biblisches Buch, zum Beispiel ein Evangelium oder ein Brief von Paulus, Schritt für Schritt erklärt; für Prediger sind diese Bücher eine wichtige Hilfe.

Kommentare sind immer gleich aufgebaut. Am Anfang gibt es grundlegende Informationen über die biblische Schrift, und man erfährt einiges über den Verfasser und die damalige Zeit, in der er gelebt hat. Danach wird der Bibeltext Schritt für Schritt ausgelegt. Zu Beginn ist der jeweilige Absatz abgedruckt, der meist noch einmal neu übersetzt wurde. Wenn man seine eigene Bibel danebenlegt und vergleicht, fallen oft schon Unterschiede auf; das zeigt, dass ein Wort im ursprünglichen Text vielleicht eine breitere Bedeutung hat. Danach wird der Absatz Vers für Vers erläutert, und man erfährt die Bedeutung von Wörtern, den Zusammenhang mit anderen Aussagen der Bibel und geschichtliche Hintergründe. Wenn Sie sich vornehmen, in Ihrer Stillen Zeit jeweils einen Absatz zu lesen und dazu noch die Auslegung, werden Sie viel über die Bücher der Bibel erfahren.

Viele Kommentare sind speziell für Theologen gedacht und setzen einiges an Hintergrundwissen voraus. Es gibt aber auch Kommentare, die verständlich geschrieben wurden und für normale Bibelleser gut zu lesen sind. Ein bewährter Kommentar ist die Wuppertaler Studienbibel. Aber mittlerweile sind auch viele andere Bibelauslegungen erschienen. Probieren Sie einfach einmal einen Kommentar aus, am besten zu einem Buch der Bibel, das Ihnen wichtig ist. Sollten Sie mit dem fortlaufenden Lesen doch nicht zurechtkommen, haben Sie das Buch trotzdem nicht umsonst gekauft, denn es dient Ihnen dann immer noch als Nachschlagewerk.

Andachten unterwegs

Hier ein Tipp für alle, die unter Zeitknappheit leiden: Nutzen Sie Autofahrten oder längere Wege mit dem Fahrrad zum Hören von Andachten. CDs, MP3-Aufnahmen und was es in Zukunft auch immer geben mag: Technische Möglichkeiten gibt es genug. In vielen Gemeinden werden die Gottesdienste aufgenommen. Seminare auf Großveranstaltungen wie die Willow-Creek-Kongresse gibt es zum Nacharbeiten auf CD zu kaufen, und auch sonst wird auf dem christlichen Markt so einiges angeboten, was hilfreich sein kann. Und warum nicht einfach mal christliche Musik hören anstatt sich den Kopf mit dem Gemisch aus inhaltslosem Pop, Moderatorengeschwätz und Werbejingles zumüllen zu lassen?

So nutzen Sie die Zeit, die Sie sowieso im Auto (oder auf dem Fahrrad, in der U- oder S-Bahn oder im Bus) verbringen. Und Sie machen Ihr Fortbewegungsmittel zu Ihrer persönlichen Kapelle. Dabei ist natürlich zu beachten: Am Steuer oder Lenker bitte nicht die Hände falten oder erheben, und nicht die Augen schließen!

E-Mail-Geschwisterschaften
Wer sich Gott vor allem über das Denken nähert, neigt dazu, das allein für sich im stillen Kämmerlein zu tun. Haus- und Bibelkreise können da für einen Austausch sorgen, doch der Haken an der Sache ist, dass die Treffen meist nur einmal in der Woche oder 14-tägig stattfinden. Schneller und einfacher ist es, zusätzlich noch die elektronische Post zu nutzen. Verabreden Sie sich zu E-Mail-Geschwisterschaften! Zwei bis vier Leute lesen denselben Bibeltext und mailen zu bestimmten Zeiten – z. B. täglich, alle zwei Tage oder an einem bestimmten Wochentag (je nach Vereinbarung) allen anderen ihre persönlichen Gedanken dazu. Das muss nicht viel sein, und es muss nicht perfekt ausformuliert oder zu Ende gedacht sein. Wichtig ist die persönliche Ehrlichkeit.

Die Vorteile einer solchen E-Mail-Partnerschaft sind:
- Sie sorgt für Selbstdisziplin beim Bibellesen, denn Sie haben eine regelmäßige Verabredung.
- Sie schafft Flexibilität trotz Verbindlichkeit, denn Sie müssen sich nicht zu einer bestimmten Uhrzeit an einem Ort treffen. Sie können die E-Mail schreiben, wann es Ihnen am besten passt, und die anderen können sie lesen, wann sie wollen.
- Sie ermöglicht einen Raum für einen Austausch, der Sie im Glauben weiterbringt. Sie haben die Möglichkeit, auf die Gedanken der anderen zu reagieren.

Außerdem können Sie so Ihr eigenes „Andachtsbuch" erstellen: Sie tragen die wichtigsten Gedanken und Beiträge zusammen und speichern Sie in einer Datei ab.

Beten am Computer
Der Computer kann auch beim Beten eine Hilfe sein. Ich habe von einer Sekretärin gelesen, die sich am Computer besonders gut konzentrieren konnte. Jeden Morgen tippte sie ihre Gebete in ein Dokument. Zuletzt wählte sie die Option „löschen", was für sie so viel hieß wie „abschicken". Wenn der Text auf dem Bildschirm verschwunden war, galt das Gebet als bei Gott angekommen. Der Computer war ihr eine Konzentrationshilfe. Doch darüber hinaus eröffnet diese Technik Möglichkeiten, die man beim „normalen" Beten nicht hat: Ich kann meine Gebete „durch die Finger fließen" lassen, dann noch einmal lesen und überdenken. Schwarz auf weiß liegen sie vor mir und ich kann sie korrigieren, präzisieren oder löschen, bevor ich sie dann als Endfassung an Gott schicke.

Einen Hauskreis leiten
Halt! Bevor Sie möglicherweise erschreckt diesen Absatz überspringen, weil Sie sich das nicht zutrauen, lassen Sie mich Ihnen eine einfache Frage stellen:

Warum eigentlich nicht?

Die beste Methode, etwas zu lernen, besteht darin, dass man versucht, es anderen beizubringen. Wenn ich zum Beispiel meinen Kindern etwas erkläre, merke ich dabei, ob ich es selbst wirklich verstanden habe oder nicht. Und wenn ich dann etwas nicht genau weiß, ist das auch nicht schlimm, ihnen gegenüber kann ich das ruhig zugeben. Wir sind ja nicht in der Schule.

Und so ist es auch in einem Hauskreis. Ein Hauskreisleiter lädt erst einmal einfach nur andere ein, gemeinsam die Bibel zu lesen und sich darüber auszutauschen. Und wer sollte sich das sonst trauen, wenn nicht Christen, die Spaß am Bibelstudium haben? Glauben Sie mir, andere werden dankbar sein, wenn Sie die Initiative ergreifen. Und niemand erwartet von Ihnen, dass Sie die Antworten auf alle Fragen haben. Dagegen werden die anderen Teilnehmer es schätzen, wenn Sie gern Parallelstellen nachschlagen, Erklärungen zum Text lesen und so den Hauskreis bereichern, denn vielen fällt tiefgründiges Bibelstudium eher schwer.

Ich erinnere mich noch gut daran, wie es war, als ich das erste Mal einen Hauskreis leiten sollte. Bereits Tage zuvor war ich aufgeregt und machte mir Sorgen, ob ich das wohl schaffen könnte. Was sollte ich denn tun, wenn Fragen kämen, auf die ich keine Antwort wüsste? Als ein erfahrener Pastor das merkte, nahm er mich zur Seite und sagte: „Weißt du, ein guter Hauskreisleiter ist nicht einer, der die richtigen Antworten weiß, sondern einer, der die richtigen Fragen stellt." Das entspannte mich, und es zeigte sich, dass er recht hatte. Gerade wenn es um schwierige Fragen geht, die keiner so einfach beantworten kann, ergeben sich oft tiefe persönliche Gespräche. Und zur Vorbereitung gibt es gute Hilfen, zum Beispiel beim Bibellesebund. Am besten wäre es, wenn unter Ihren Hauskreisteilnehmern auch „Hand-Menschen" sind, die darüber nachdenken, was der Bibeltext praktisch bedeutet, und „Herz-Menschen", die die Gebetszeit leiten. Diese Aufgabe übernehmen sie mit Sicherheit gern, wenn Sie sich dafür mit Ihren Gedanken einbringen.

Geistliches Tagebuch

„Lieber Leif, einmal habe ich dir erzählt, vielleicht erinnerst du dich daran, dass ich trotz allem eine Art Tagebuch geführt habe. (...) Hier ist es. Begonnen wurde es ohne einen Gedanken daran, dass jemand es lesen sollte."

Diese Zeilen stammen aus einem Brief von Dag Hammarskjöld, dem früheren Generalsekretär der Vereinten Nationen. Nach seinem Tod durch einen Flugzeugabsturz am 18. September 1961 wurde seinem Freund dieser Brief übergeben, zusammen mit einer alten, abgegriffenen Büffelledermappe, dem Tagebuch dieses großen, gläubigen Mannes. Erstaunlicherweise ist darin nichts von hoher Politik zu lesen. Kein Wort über seine internationale Karriere. Auch prominente Staatsoberhäupter oder historische Ereignisse werden nicht erwähnt. Stattdessen enthalten diese Seiten, auf einer alten Schreibmaschine getippt, seine persönlichen Gedanken über sein Glaubensleben, ehrlich und schonungslos.[11]

Viele Menschen haben diese Methode des Tagebuchschreibens schon für sich entdeckt. Dabei geht es nicht darum, ein literarisches Werk für außenstehende Leser zu produzieren, wie das der Tagebuchschreiber im „Tagebuch eines frommen Chaoten" versucht – einem humorvollen Roman, verfasst von Adrian Plass:

„Sonntag, 14. Dezember. Fühle mich innerlich geführt, ein Tagebuch anzufangen. Eine Art spirituelles Logbuch zur Erbauung künftiger Geschlechter. Höhere Eingebungen und Erkenntnisse werden immer wieder neu aus seinen Zeilen emporstrahlen wie ein Leuchtturm in der Nacht. Weiß nicht, was ich heute schreiben soll."[12]

Tagebuch schreibt man nur für sich selbst. Man schreibt nicht, um das alles später an langen Winterabenden am

Kamin noch einmal nachzulesen. Das Schreiben selbst ist das Wichtige. Es ist ein Mittel, sich selbst zu ordnen. Denn ich kann nur aufschreiben, was ich in Gedanken geordnet und formuliert habe. Und wenn ich den Satz dann vor mir sehe, kann ich überprüfen, ob das, was ich schreibe, die Wahrheit trifft. Dabei ist die leitende Frage: Was habe ich erlebt, was geht mir durch den Kopf, und was bedeutet das vom Glauben her betrachtet?

Gordon MacDonald, der seit Jahrzehnten ein geistliches Tagebuch führt, gibt Anfängern folgende Ratschläge: „Geh in einen Laden und kaufe ein Notizbuch. Nimm dir vor, jeden Tag in dieses Notizbuch zu schreiben, aber beschränke dich auf eine Seite. Schreibe jeden Tag, wenn du die nächste leere Seite aufschlägst, als erstes Wort: Gestern. Lass danach einen oder zwei Abschnitte folgen, in denen du in einer Art Nachbesprechung die Ereignisse des gestrigen Tages Revue passieren lässt. Schreibe auf, was immer dir einfällt – vielleicht eine kleine Darstellung der Leute, mit denen du zu tun hattest, deine Termine, Entscheidungen, Gedanken, Gefühle, Höhepunkte, Tiefpunkte, Enttäuschungen, was du in deiner Bibel gelesen hast oder was du tun wolltest und nicht getan hast."[13]

Mittlerweile schreibt Gordon MacDonald seine Tagebucheintragungen in einen Computer. Doch zum Einstieg ist es vielleicht leichter, mit der Hand zu schreiben. Wenn man ein besonders schönes Buch kauft, nimmt man es auch gern in die Hand; das hilft, täglich dranzubleiben.

Fürbitten-Umschläge

Das ist eine schöne Idee, die ich bei Adrian Plass entdeckt habe. Es ist quasi eine Anleitung zum systematischen Beten für andere. In seinem Andachtsbuch schreibt Plass: „Vor einigen Jahren platzten unsere Kinder vor Neugier, warum ich begonnen hatte, jeden Morgen eine Zeit lang einen Stapel brauner Umschläge durchzusehen, die auf meinem Schreibtisch oben im Wohnzimmer lagen. ‚Nun', erklärte ich, ‚in jedem dieser Umschläge steckt ein Brief. Die Briefe sind alle an Gott geschrieben, und jeder handelt von jemandem, den ich kenne oder für den ich beten möchte.'

‚Und wirst du die alle abschicken?', fragte David. ‚Na ja, ich glaube nicht, dass es einen Sinn hat, sie abzuschicken', erwiderte ich ernsthaft, ‚aber jeden Tag halte ich einen davon zu Gott hoch und bitte ihn, sich um die Person zu kümmern, der ich darin geschrieben habe.' Die Jungen blätterten interessiert den Stapel Umschläge durch und lasen die Namen, die auf jedem davon notiert waren. Joe wurde hellwach, als er einen entdeckte, auf dem ‚Feinde' stand. ‚Das sind die besonders Schwierigen', sagte ich, ‚aber ich soll auch besonders für sie beten, also beiße ich einfach die Zähne zusammen und tue es.'"[14]

Vorformulierte Gebete

Beten ist etwas Persönliches. Wir sagen Gott, was uns beschäftigt, und das ist sehr persönlich. In der Beziehung zu Gott haben wir unsere eigene Sprache. Vorformulierte Gebete können das nicht ersetzen. Doch sie können uns davor bewahren, dass unser Reden mit Gott in immer denselben Sätzen erstarrt und sich stets um die gleichen Bitten und Themen dreht. Die Schatztruhe der christlichen Tradition ist randvoll mit Gebeten, die aufgeschrieben wurden, weil auch andere sie hilfreich fanden. In Gesangbüchern oder Büchern über das Gebet können Sie hier fündig werden. Wenn Sie ein Gebet lesen, das Sie anspricht, schreiben Sie es auf eine Karte und legen Sie es in Ihre Bibel. Oder vielleicht haben Sie auch ein geistliches Notizbuch, in dem Sie Gebete und andere Gedanken und Sätze sammeln. Hier drei Gebete, die für mich hilfreich sind:

Herr, lass deinen Segen auf mir ruhen,
wenn ich diesen Tag mit dir beginne.
Bestärke mich in der Wahrheit,
wenn ich recht nach ihr lebe.
Konfrontiere mich mit der Wahrheit,
wenn ich von ihr abweiche.
Ich bitte dich nicht um das, was ich will,
sondern um das, von dem du weißt, dass ich es brauche,
wenn ich dir diesen Tag und mich selbst bringe.
In Jesu Namen. Amen.[15]

Dank sei dir, Herr Jesus Christus,
für alles Gute, das du für uns erkämpft hast,
für all die Schmerzen und Beschimpfungen,
die du für uns getragen hast.
O barmherziger Erlöser, Freund und Bruder,
mögen wir dich besser kennenlernen,
dich inniger lieben und dir enger nachfolgen,
Tag für Tag. Amen.[16]

Richard von Chichester

O gnädiger und heiliger Vater,
schenk uns Weisheit, dich zu erkennen,
Verstand, dich zu begreifen,
Beständigkeit, dich zu suchen,
Geduld, auf dich zu warten,
Augen, dich zu sehen,
ein Herz, um über dich nachzusinnen,
und ein Leben, dich zu verkündigen,
durch die Kraft des Geistes unseres Herrn Jesus Christus.
Amen.[17]

Benedikt von Nursia

Die zweite Tür: Mit Jesus leben

Der aktive Zugang zu Gott

Ich erinnere mich an einen Abend in unserer Gemeinde. Wir trafen uns zu einem Seminar über Gaben. In einer Gesprächsrunde ging es darum, welche Tätigkeiten in der Gemeindearbeit uns am meisten Spaß machten. Was tue ich am liebsten? In welchen Gruppen, bei welchen Aufgaben würde ich liebend gern mitarbeiten? Über diese Fragen unterhielten wir uns in kleinen Austauschrunden. Es war spannend zu erfahren, wie unterschiedlich die Neigungen der Teilnehmer waren. Was dem einen Freude machte, wäre für den anderen eine unliebsame Aufgabe.

Eine Frau überraschte mich schließlich völlig. Sie hatte Erfahrung in der Arbeit mit Kindern und Jugendlichen, auch aus schwierigen Verhältnissen. Sie war selbst Mutter mehrerer Kinder und inzwischen auch Großmutter. Klein und schmächtig saß sie auf ihrem Stuhl und erzählte uns, sie wäre gern handwerklich tätig, am liebsten mit schwerem Gerät. Schlagbohrmaschine, Presslufthammer, Bagger – kein Problem, im Gegenteil: Ja, bitte, her damit! Ihr Mann nickte nur: Ja, das stimme; er selbst sei da völlig untalentiert, aber seine Frau, die könne das richtig gut. Dann erzählte sie, sie hätte sich einmal freiwillig gemeldet, als in einer Gemeinde gebaut werden sollte und Helfer gesucht wurden. Als sie auf der Baustelle erschien, voller Vorfreude und Tatendrang, traf sie dort nur Männer an – und wurde von den Herren der Schöpfung gleich wieder nach Hause geschickt. Mit Baumaschinen umgehen, das wäre nichts für eine Frau, hieß es. Bestimmt war das von den Brüdern im Herrn nicht böse gemeint, vielleicht kamen sie sich noch besonders ritterlich vor. Doch sie sahen nur ihre zierliche Gestalt durch die Brille ihrer Rollenbilder und Eitelkeiten. Die Frau fühlte sich zurückgewiesen und nicht ernst genommen. Sie war verletzt. Es ging ihr nicht nur darum, zu helfen und etwas Gutes zu tun. Es drängte sie einfach dazu, hier ging ihr Herz auf. Bei aller Kompetenz im Bereich Kinder- und Jugendarbeit – das Handwerkliche war der Bereich, in dem sie sich am liebsten für Gott einsetzen würde.

Geht es Ihnen ähnlich? Fühlen Sie sich Gott am nächsten, wenn Sie aktiv sind? Vielleicht sind es bei Ihnen nicht die Baumaschinen. Was hier eine Kreissäge ist, kann bei Ihnen eine Staffelei, eine Kuchenform, eine Lage Dekostoff, ein Terminplaner oder ein Laufschuh sein. Zu welcher Tätigkeit es Sie auch immer drängt – wenn Sie zu den Aktiven, den „Hand-Menschen" gehören, dann ist dieses Kapitel für Sie.

Natürlich wissen wir genau, dass wir vor Gott nicht gerecht werden durch das, was wir tun. Doch darum geht es hier auch nicht. Wir werden vor Gott gerecht durch Glauben, das ist wahr. Und dann versuchen wir, unseren Glauben im Alltag zu leben, ganz praktisch. Dabei ist das Tun genauso wichtig wie Beten und Bibellesen, es ist eine Konsequenz aus unserer Beziehung zu Gott. Und wenn Sie den Eindruck haben, dass Sie Gott am besten näherkommen durch das, was Sie für ihn und für andere tun, dann ist das Ihre Tür, durch die Sie den Raum der Gegenwart Gottes betreten. Dann machen Sie durch das Tun die intensivsten Erfahrungen mit Gott, und das wiederum stärkt Sie in Ihrem Glauben.

Es gibt viele Menschen, denen dieser Zugang am meisten liegt. Die Gott verstehen, indem sie etwas be-greifen. Die im Sessel oder auf einer Kirchenbank schwer zum Beten kommen, wohl aber beim Joggen, in der Werkstatt oder beim Staubsaugen. Sie müssen sich oder etwas bewegen, um bewegt zu werden.

Glauben mit Hand – und Fuß

Was wären unsere Gemeinden ohne Menschen, die gern aktiv werden! Ein Problem für eher praktisch veranlagte Menschen ist allerdings, dass persönliche Andacht oft nicht mit Aktion verbunden ist. Bibellesen und Beten finden meist im Sitzen statt. Ich vermute, viele Christen, die gern durch diese zweite Tür zu Gott gehen, haben Schwierigkeiten mit den gängigen Formen von Stiller Zeit. Vielleicht plagen sie sich deshalb mit schlechtem Gewissen herum und fühlen sich anderen in der Gemeinde unterlegen, weil jene das ja scheinbar so problemlos hinkriegen.

Überhaupt, die Gemeinde. Was wird da gesessen! Im Gottesdienst darf man ja immerhin noch manchmal aufstehen; je nach Denomination länger oder kürzer, mit Arme heben oder ohne. In der katholischen Messe wird auch gekniet. (Warum haben evangelische Gemeinden das nicht schon längst wiederentdeckt?) Und im sonstigen Gemeindealltag, wenn man mal von Kinder- und Jugendangeboten absieht:

Sitzungen, wohin man blickt. Vorstand, Hauskreise, Seminare, Mitarbeiterbesprechungen, Seniorenkreise, Frauenfrühstückstreffen, Männergruppen – alles Sitzbeschäftigungen.

Ich will gar nicht die Arbeit in unseren Gemeinden kritisieren. Ich möchte nur, dass wir das wahrnehmen. Denn bei Jesus war das anders. Er berief seine Jünger mit den Worten: „Folge mir nach!" Kein Wort also von Stuhlkreis oder Stillewerden. Da war von Aktion die Rede – und zwar von Gehen. Ein Jünger mit Namen Levi kam dadurch sogar von seinem Stuhl weg, auf dem er den ganzen Tag saß und den Leuten vor seinem Zollhäuschen Geld abknöpfte (siehe Lukas 5,27). Als er den Ruf Jesu hörte, so lesen wir, „stand (er) auf und folgte ihm nach" (Lukas 5,28).

Wer sich auf ein Leben mit Jesus einließ, kam in Bewegung. Jesus war mit seinen Jüngern unterwegs. Dabei lebte er mit ihnen den Alltag. Und unterwegs lehrte er sie. Nicht nur durch seine Predigten, sondern auch durch sein Handeln erfuhren sie, wer er wirklich ist. Bei der Sturmstillung erlebten sie Rettung aus Angst. Sie sahen, wie Blinde sehend wurden und Lahme nach Hause liefen. Sie machten ein Praktikum bei ihrem Meister und wurden selbst ausgesandt, um in seinem Namen böse Geister auszutreiben und zu predigen (siehe Markus 6,7-13). Und wenn sie beisammensaßen, dann meist um einen gedeckten Tisch herum. Miteinander essen, trinken und feiern, unterwegs sein. Die Jünger waren ständig in Bewegung, zogen von Ort zu Ort. Und dabei schulte Jesus sie. Er gab ihnen nicht nur einiges zu denken, er berührte nicht nur ihr Herz, sondern er nahm auch viele Kilometer mit ihnen unter die Füße, machte mit ihnen eine Tournee durch Galiläa. Ich bin sicher, das hatte seinen Sinn. Die meisten Jünger waren Fischer, Männer, die mit ihren Händen arbeiteten. Bewegung half ihnen, Jesus zu verstehen und ihm zu vertrauen. Und kennen wir das nicht auch? Wie viele Lebensentscheidungen werden eben nicht im Sitzen getroffen, sondern auf Spaziergängen mit der besten Freundin oder einem guten Freund …

Mit „Hand und Fuß" Jesus nachfolgen – damit sind nicht vordergründig einzelne Taten und Aktionen gemeint, sondern der *Weg*, den wir mit ihm gehen, das alltägliche Leben, die praktische Nachfolge. Jesus möchte, dass wir unseren Weg mit ihm gehen und dabei aus unserem Glauben heraus handeln. Und wenn wir das tun, werden wir ihn auch erfahren.

Nicht nur im Neuen Testament wird der Glaube mit dem Tätigkeitswort „gehen" beschrieben. Auf den ersten Seiten des Alten Testaments taucht ein Mann auf, von dem wir fast nichts wissen: Henoch. Außer dürren Lebensdaten wird nur eines über sein Leben gesagt: „Henoch ging mit Gott" (1. Mose 5,22). Damit war anscheinend seine ganze Beziehung zu Gott zusammengefasst. Als Abraham zum ersten Mal Gottes Stimme hörte und die Verheißung bekam, dass seine Nachkommen zu einem großen Volk werden würden, war damit die Aufforderung verbunden: „Geh aus deinem Vaterland und von deiner Verwandtschaft und aus deines Vaters Hause in ein Land, das ich dir zeigen werde" (1. Mose 12,1). Das Volk Israel ist Mose in die Freiheit gefolgt und hat dabei und in den nächsten vierzig Jahren Gott kennengelernt – unterwegs, auf der Wanderung durch die Wüste. Und als sie mit Moses Nachfolger Josua kurz vor dem Einzug in das gelobte Land standen, bekannten sie sich zu Gottes Führung mit den Worten: „Alles, was du uns geboten hast, das wollen wir tun, und wo du uns hinsendest, da wollen wir hingehen" (Josua 1,16).

Auch wir sind gesandt. Der letzte Auftrag, den Jesus seinen Jüngern gab und der bis heute seinen Nachfolgern gilt, beginnt mit: „Gehet hin ..." (Matthäus 28,19). Da überrascht es nicht, dass die ersten Christen „Anhänger des neuen Weges" genannt wurden (Apostelgeschichte 9,2). Diese Formulierung beschreibt treffend, worum es geht. Wenn wir heute Wörter wie „geistlich" oder „Spiritualität" benutzen, kann leicht die Vorstellung aufkommen, Glauben sei vorwiegend eine Sache der Gedanken oder Gefühle. Sicherlich, auch unser Verstand und unser Herz sollen Jesus gehören. Doch diese beiden Dimensionen sind nicht ohne die praktische Seite unseres Glaubens zu haben. Jeden Tag fordert Jesus uns auf: „Folge mir nach!"

„Hand-Menschen" in der Bibel

In der Bibel begegnen uns viele Menschen, die einen aktiven Zugang zu Gott hatten. Das Alte Testament ist voller solcher Beispiele. Überhaupt ist es ein ziemlich praktisches Buch. Hier werden keine Philosophien über Gott ausgebreitet und keine theologischen Denksysteme aufgestellt. Gott offenbart sich seinem Volk durch das, was er sagt und tut. Für Israel ist Gott der, der sie aus der Knechtschaft in Ägypten herausgeführt hat in die Freiheit – bis heute. Der jüdische Glaube ist eine praktische Religion; Glauben ist vor allen Dingen Lebensgestaltung nach klaren Regeln, so wie Gott es gesagt hat. Die Vorbereitung eines Passahmahles zum Beispiel ist Gottesdienst im Sinne von Dienst. Da gibt es einiges zu tun. Es fängt mit einem Frühjahrsputz am Tag zuvor an. Jeder Krümel Sauerteig muss aus dem Haus verschwinden, bevor der Tisch mit seinen symbolischen Speisen gedeckt wird. Während des

Passahmahls werden Lesungen aus der Thora immer wieder mit Handlungen verbunden – mit Brotbrechen, Weintrinken, und natürlich mit der festlichen Gemeinschaft. Wort und Tat verbinden sich hier zu einer untrennbaren Einheit.

So lesen wir über die Menschen des Alten Testaments vor allem, was sie sagten und taten, für Gott und mit Gott, und mitunter auch gegen Gott. Ein Beispiel dafür ist Noah, der von Gott den Auftrag für ein riesiges Projekt bekam, den Bau der Arche. In der ganzen Geschichte findet man kein einziges Wort darüber, was Noah sagte! Er war ein Mann, dessen Glauben sich im Tun äußerte: „Und Noah tat alles, was ihm Gott gebot" (1. Mose 6,22).

Bezaliel

Als das Volk Israel unter der Führung von Mose durch die Wüste wanderte, gab es in ihrem Lager, das sie immer wieder woanders aufschlugen, einen Ort, an dem man Gott begegnen konnte: die Stiftshütte. Hier stand in einem besonders kunstvoll gestalteten Zelt die Bundeslade, in der die Gesetzestafeln mit den zehn Geboten aufbewahrt wurden.

Um dieses mobile Zelt Gottes, die Lade und alle sakralen Geräte und Gewänder herzustellen, wurde ein Mann namens Bezaliel berufen. Gott sagt von ihm, er habe „ihn erfüllt mit dem Geist Gottes, mit Weisheit und Verstand und Erkenntnis und mit aller Geschicklichkeit, kunstreich zu arbeiten mit Gold, Silber und Kupfer" (2. Mose 31,2 f). Diese handwerkliche Aufgabe war durch und durch eine geistliche Angelegenheit. Und was muss es für Bezaliel bedeutet haben, an diesem Projekt zu arbeiten! Wenn ich heute Handwerker treffe, die einmal an unserer alten Dorfkirche gearbeitet haben, erzählen sie mit Stolz davon, dass es für sie etwas ganz Besonderes war.

Martha
Auch im Neuen Testament treffen wir Menschen, darunter viele Frauen, die mit einer eher praktischen Natur ausgestattet waren und darüber Zugang zu Jesus fanden (allerdings muss man dabei bedenken, dass ihnen in der damaligen Gesellschaft die anderen Zugänge oft von den Männern verwehrt wurden). Sie kennen sicher die Geschichte von den Schwestern Maria und Martha. Die beiden waren ein ziemlich ungleiches Paar. Während Maria sich Jesus zu Füßen setzte, um ihm nah zu sein, hatte Martha richtigen Stress bei der Bewirtung der Gäste. Es sollte doch für alles gesorgt sein, es sollte doch perfekt sein; für Jesus wollte sie es schön machen – das, so stelle ich es mir vor, waren wohl ihre Beweggründe. Martha wollte ihre Hände, ihre Kraft gebrauchen, um Jesus zu dienen. Essenkochen und Hausarbeit war für sie eine geistliche Aufgabe. Konnte da die Schwester nicht helfen und mit anpacken? Obwohl Jesus ihre Schwester Maria in Schutz nahm, war es ihm wichtig, Martha zu sagen, dass er sah und wertschätzte, was sie für ihn tat: „Martha, Martha, du hast viel Sorge und Mühe" (Lukas 10, 38–42).

Petrus
Als Jesus zum ersten Mal Petrus sah, muss er gleich erkannt haben: Dies ist durch und durch ein Mann der Tat. Und so suchte er den Kontakt zu ihm, indem er den Fischer, der mit seinen Kollegen am Ufer gerade die Netze ausbesserte, um einen Gefallen bat. Jesus ließ sich von ihm in dessen Boot ein paar Meter aufs Wasser hinausrudern; so konnte er predigen, ohne dass die vielen Leute ihn bedrängten. Petrus konnte für ihn etwas tun – und er bekam gleich den nächsten Auftrag: „Fahre hinaus, wo es tief ist, und werft eure Netze zum Fang aus!" (Lukas 5,4). Ich denke, Jesus hat gesehen, dass

Petrus nicht der Typ war, mit dem man philosophische Diskussionen führte. Er war ein Mann, der anpackte, er musste praktisch erproben, ob man auf das Wort und die Macht von Jesus bauen kann. Was er dann erlebte, veränderte sein Leben – aus dem Fischer wurde ein Menschenfischer, der Jesus nachfolgte (siehe Lukas 5,10f). Petrus war ein extrovertierter Typ, der das Herz auf der Zunge trug und mit seiner impulsiven Art auch schon mal über das Ziel hinausschoss. Seine Stärken, aber auch seine menschlichen Schwächen lagen offen zutage, und gerade das macht ihn für mich sympathisch. Als die Jünger draußen auf dem See Genezareth von einem Boot aus Jesus auf dem Wasser gehen sahen, war er es, der sein Bein über die Reling schwang (Matthäus 14,22–33). Er wollte sich ganz für Jesus einsetzen. Beim Abendmahl sagte er voller Überzeugung: „Herr, ich bin bereit, mit dir in den Tod zu gehen" (Lukas 22,32). Im Garten Gethsemane wollte Petrus seinen Herrn mit dem Schwert verteidigen (Johannes 18,10). Und auch wenn er Jesus dreimal verleugnet hat – niemand wagte sich damals unter Gefahr so weit bis in den Innenhof des Hauses von Kaiphas vor wie Petrus. Als dann die Frauen drei Tage später vom leeren Grab berichteten, stand Petrus auf „und lief zum Grab" (Lukas 24,12). Und als die Jünger nach ihrer Rückkehr an den See Genezareth von einem Fischzug nach Hause segelten und sie den auferstandenen Herrn am Ufer erkannten, war es Petrus, der sich ins Wasser warf und zu ihm ans Ufer schwamm (siehe Johannes 21,7). Kein Zweifel, Petrus drückte seine Liebe zu Jesus durch Aktion aus – er war ein Mensch, dessen Glaube „Hand und Fuß" hatte.

Jakobus

Darf ich Sie noch mit einer weiteren Person der Bibel bekannt machen? Der Jünger Jakobus war mit Jesus auf besondere Weise verbunden, denn er war sein leiblicher Bruder (siehe Matthäus 13,55). Doch in den Berichten, in denen erzählt wird, wie Jesus mit seinen Jüngern durch die Lande zog, hören wir nichts von ihm. Erst in der Apostelgeschichte taucht er auf. In der ersten Gemeinde in Jerusalem scheint er eine der wichtigen und einflussreichen Persönlichkeiten gewesen zu sein. Später gehörte er sogar zu den „Aposteln und Ältesten" (Apostelgeschichte 15,6). In diesem Kreis, auf dem sogenannten Apostelkonzil, wurde einmal über die Frage beraten, ob die Nichtjuden, die durch Paulus Christen geworden waren, auch wie ihre judenchristlichen Glaubensgeschwister nach den jüdischen Gesetzen leben sollten – ob sie sich zum Beispiel beschneiden lassen sollten oder nicht. An dieser Frage drohten sich die ersten Gemeinden zu spalten. Aber da machte Jakobus den alles entscheidenden Vorschlag, der den Weg zu einem toleranten Miteinander aufzeigte (siehe Apostelgeschichte 15,13–21). Er war es auch, der die Menschen in den Gemeinden aufrief: „Seid aber Täter des Worts und nicht Hörer allein" (Jakobus 1,22). Jakobus war der Ansicht, dass sich der Glaube im Alltag auswirken muss und nicht in frommer Innerlichkeit verharren darf. Dem Glauben müssen Taten folgen: „Willst du nun einsehen, du törichter Mensch, dass der Glaube ohne Werke nutzlos ist?" (Jakobus 2,20). So versöhnlich Jakobus auf dem Apostelkonzil war, so kompromisslos scheint er nun in seinem Brief zu sein. Es ist in der Tat sehr beunruhigend, diese Kapitel zu lesen! Doch Jakobus war kein harter, gefühlloser Mensch, obwohl er natürlich konsequent und herausfordernd war. Seine Worte waren trotzdem immer von einer großen Liebe getragen. Er ermutigte die Zweifelnden, forderte gegenseitigen Respekt in der Gemeinde, verurteilte verletzendes Reden, empfahl eine demütige Haltung in Konflikten, warnte vor Habgier und gab eine Anleitung zur Seelsorge an Kranken. Hier schreibt kein gesetzlicher Moralprediger, sondern einer, dem das praktische Leben mit Jesus wichtig war.

Jakobus ist oft missverstanden worden. Es war am Anfang sogar umstritten, ob sein Brief in das Neue Testament aufgenommen werden soll. Seine Aussagen scheinen denen von Paulus an manchen Punkten zu widersprechen, der im Römerbrief immer wieder betont, dass wir allein durch den Glauben vor Gott gerechtfertigt werden, nicht durch unsere Taten. Doch auch für Paulus war klar, dass der Glaube spürbar im Alltag gelebt werden will.

Und das war die Stärke von Menschen wie Jakobus, Petrus, Martha und Bezaliel, so verschieden sie auch waren. Sie hatten einen praktischen Zugang zum Glauben, und lebten ihn auch praktisch aus, sodass auch andere es sehen und spüren konnten.

„Hand-Menschen" in der Geschichte

Glauben ist nicht nur eine Geisteshaltung. Die Beziehung zu Gott verändert unser ganzes Leben. Unser Glaube will praktisch werden; wer glaubt, handelt anders als zuvor. Und bei Menschen, die vor allem hier ihren geistlichen Zugang haben, ist das besonders spürbar. „Hand-Menschen" hinterlassen Spuren der Nächstenliebe im Leben ihrer Mitmenschen, und etliche haben durch ihr Engagement Geschichte geschrieben. Viele große Namen von Menschen, die durch ihren Einsatz andere die Liebe Gottes spüren ließen, könnten hier genannt werden; ich habe vier für Sie ausgewählt.

Kämpfen für die Schwachen – Johann Hinrich Wichern, William und Catherine Booth

Das 19. Jahrhundert war für viele Menschen in Europa eine Zeit der Not und Unterdrückung. Die industrielle Revolution stürzte Millionen von Menschen in bittere Armut. Ihre Lebensbedingungen änderten sich radikal; auf einmal war es nicht mehr möglich, als Handwerker oder Landarbeiter eine Familie zu ernähren. Viele wanderten in die Städte ab, wo große Elendsviertel entstanden. Hier mussten sie unter menschenunwürdigen Bedingungen wohnen und zwölf Stunden am Tag in Fabriken arbeiten. Sie bekamen so wenig Lohn, dass auch die Frauen und Kinder in den Betrieben arbeiten mussten, damit die Familien überleben konnten; der Besuch einer Schule war daher für viele gar nicht möglich. Die Schufterei begann damals schon im Alter von 4 bis 6 Jahren; ein Großteil der Fabrikarbeiter wurde noch nicht einmal 20 Jahre alt. Viele starben an Hunger, Krankheiten und Erschöpfung.

In dieser Zeit traten zwei Männer in Erscheinung, die von diesem Elend tief berührt waren: Johann Hinrich Wichern und William Booth. Sie kamen aus unterschiedlichen Familien und Konfessionen; Wichern war Lutheraner und Booth Methodist. Sie waren in verschiedenen Städten tätig; Wichern in Hamburg und Booth in London. Wahrscheinlich haben sie sich nie persönlich kennengelernt, und doch sollen sie hier zusammen vorgestellt werden. Denn beide traten in dieser Zeit als Christen der Armut entgegen. Sie schrieben beide ihre Eindrücke nieder und rüttelten damit ihre Mitmenschen auf. Und sie gründeten bekannte Organisationen, die bis heute sichtbare Zeichen christlicher Nächstenliebe sind. Ihr Glaube musste sich einfach in praktischer Hilfe äußern. Dabei wollten sie vor allem eines: Dass durch ihre Hilfe notleidende Menschen die Liebe Gottes erfahren.

Als Johann Hinrich Wichern mit 24 Jahren durch Hamburgs Viertel St. Georg lief, war er schockiert, unter welchen Umständen hier Menschen lebten und Kinder aufwuchsen. Zu der Zeit hatte die Armutswelle, die die Großstädte in England erschütterte, Deutschland noch gar nicht ganz erreicht. Doch hier in den engen Gassen dieses Viertels in Hamburg war das Elend schon mit Händen zu greifen. In den Kneipen vertranken Familienväter den Wochenlohn, auf den Straßen boten sich Prostituierte an und bettelten Straßenkinder. Jeden Sonntag kam Wichern hierher, um in der Sonntagsschule Kinder zu unterrichten, die unter der Woche arbeiten mussten, um das Überleben ihrer Familie zu sichern. Er versuchte, ihnen Lesen und Schreiben beizubringen und erzählte ihnen Geschichten aus der Bibel. 1832 schilderte er seine Eindrücke in seiner Schrift „Hamburgs wahres und geheimes Volksleben". Viele wohlhabende Bürger reagierten betroffen und unterstützten den „Besuchsverein", der Wicherns Arbeit finanzierte. Innerhalb kurzer Zeit kamen so viele Spenden zusammen, dass eine Vision verwirklicht werden konnte: die Gründung einer „Rettungsanstalt für verwahrloste Kinder". In einem Dorf im Osten von Hamburg fand man eine reetgedeckte Kate, die die Einheimischen dort schon lange „Rauhes Haus" nannten. Hier zog Wichern ein Jahr später ein, und bald lebten dort zwölf Jungen. In den folgenden Jahren kamen immer mehr Jungen und bald auch Mädchen in die Einrichtung, die den Namen „Rauhes Haus" behielt und immer größer wurde – und bis heute existiert.

Im Rauhen Haus wurden die Kinder versorgt, sie wurden unterrichtet und konnten in eigenen Werkstätten einen Beruf erlernen. Wichern setzte sich darüber hinaus auch auf kirchenpolitischer Ebene für sein Anliegen ein und legte den Grundstein für das spätere Diakonische Werk. Doch es ging ihm nicht nur darum, verwahrlosten Kindern eine Zukunft zu geben. Er wollte sie die Liebe Gottes spüren lassen, indem er sie in Wohngemeinschaften hineinstellte, die er „Familien" nannte.

Als Wichern in das Rauhe Haus zog, war William Booth noch ein kleiner Junge von drei Jahren, der in England in ärmlichen Verhältnissen aufwuchs. Zehn Jahre später – Wichern machte in Deutschland gerade seine Arbeit unter dem Stichwort „Innere Mission" bekannt – geschah im Leben des jungen William eine Katastrophe: sein Vater starb. Damit war seine Familie vom Hunger bedroht, und William musste ums Überleben kämpfen. In dieser Zeit zog es ihn in die Versammlungen der Methodisten. Dort fand er zum Glauben und betete: „Alles, was an William Booth ist, soll Gott gehören." Er besuchte ein Predigerseminar und wurde 1854 zum Pastor der methodistischen Kirche ordiniert (in Deutschland hatte Wichern inzwischen hundert weitere „Rettungshäuser" aufgebaut). Mit seiner Frau Catherine zog Booth nach London. Dort war er erschüttert von der Not vieler Menschen. William Booth wollte daher nicht in einer Gemeinde aktiv sein; seine Kirche war die Straße. Bei Evangelisationen in den Elends- und Rotlichtvierteln im Osten Londons verkündigte er nicht nur das Wort Gottes, sondern bot auch praktische Hilfe an. Es gab eine warme Mahlzeit, man konnte sich waschen und mit gebrauchter Kleidung versorgen. „Suppe, Seife, Seelenheil" – auf diese drei Säulen gründete William Booth seine Arbeit.

In der ersten Zeit wurden er und seine Mitarbeiter von den christlichen Gemeinden verspottet und von den Kneipenwirten und Bordellbetreibern angefeindet. Doch William Booth ließ sich nicht beirren. Er dachte darüber nach, wie er seine „Christliche Mission" noch effektiver organisieren könnte. Schließlich nahm er das Militär zum Vorbild, und baute die Mission neu auf. Die Gemeindestationen hießen nun „Korps", die hauptamtlichen Mitarbeiter wurden zu „Offizieren" und die Mitglieder zu „Soldaten". Er selbst gab sich den Rang „General" – die „Heilsarmee" war geboren. Es ist die ungewöhnlichste Armee der Welt: Bewaffnet mit Bibeln, Musikinstrumenten und Suppentöpfen kämpft sie bis heute gegen Armut und Unterdrückung. „Rettet Seelen. Geht dem Schlimmsten nach" war der Schlachtruf, mit dem William Booth seine Soldaten hinausschickte. Als er 1912 starb, arbeitete die Heilsarmee bereits in 58 Ländern der Welt.

Man kann allerdings nicht von William Booth sprechen, ohne auch seine Frau Catherine zu erwähnen. Auch wenn William die Heilsarmee leitete – der denkende Kopf hinter dem ganzen Konzept war Catherine Booth. Sie war eine gläubige Frau; im Alter von zwölf Jahren soll sie die Bibel bereits acht Mal durchgelesen haben. Und sie war eine leidenschaftliche Kämpferin, nicht nur gegen Armut und Ungerechtigkeit, sondern auch gegen die Diskriminierung von Frauen. Sie schrieb theologische Abhandlungen über Frauenrechte und hielt Predigten (obwohl ihr Mann dagegen war). Sie sorgte schließlich auch dafür, dass die Gleichberechtigung von Frauen und Männern von Anfang an in den Statuten der Heilsarmee festgeschrieben wurde.

Catherine Booth hatte eine unermüdliche Energie und großes organisatorisches Talent. Als ihr Mann monatelang krank war, vertrat sie ihn mühelos. Sie organisierte Armenspeisungen; zu Weihnachten soll sie dreihundert Mahlzeiten gekocht haben. Und „nebenbei" zog sie acht Kinder groß. Bei allem Respekt vor den großen Männern – Hut ab vor dieser Frau!

Christus im anderen sehen – Mutter Teresa
Wenn von praktischem Christsein und Nächstenliebe die Rede ist, denken auch Nichtchristen mit Respekt an eine Person – die Nonne Mutter Teresa. So schnell wurde in der Geschichte der katholischen Kirche noch nie jemand selig gesprochen. Nur sechs Jahre nach ihrem Tod verkündete Papst Johannes Paul II. am 19. Oktober 2003 die Seligsprechung der Ordensfrau. Von vielen Menschen, auch von Atheisten, wird sie bereits als Heilige verehrt – Agnes (Anjezë) Gonxhe Bojaxhiu, genannt Mutter Teresa.

Agnes wurde 1910 in Skopje, Mazedonien, geboren und wuchs in einer wohlhabenden albanischen Familie auf. Schon mit zwölf Jahren wollte sie Nonne werden und blieb konsequent bei ihrem Entschluss. Mit achtzehn Jahren trat sie in den Loreto-Orden ein. Zunächst wurde sie in die Zentrale des Ordens nach Irland berufen, bevor sie zwei Monate später auf eigenen Wunsch nach Indien reiste. Die folgenden siebzehn Jahre arbeitete sie zuerst als Lehrerin und dann als Direktorin an der *St. Mary's School* in Kalkutta. Als sie 36 Jahre alt war, wurde ihr klar, dass sie von Gott berufen war, sich um die Armen zu kümmern. Bereits zwei Jahre später lebte sie unter den Ärmsten der Armen in den Elendsvierteln Kalkuttas und gründete schließlich Anfang der Fünfzigerjahre den Orden „Missionarinnen der Nächstenliebe". Sie und die Schwestern gaben sich ganz dem Dienst an ausgesetzten Säuglingen, Kranken, Hungernden und Sterbenden hin. Dabei war ihnen das Wort Jesu ein Wegweiser: „Was ihr einem dieser geringsten Brüder getan habt, das habt ihr mir getan" (Matthäus 25,40). Die praktische Nächstenliebe war für Mutter Teresa auch ein Weg, Jesus Christus im anderen Menschen zu begegnen; der Dienst war ihre Tür zu Gott.

Auf einer Indienreise besuchte einmal die amerikanische Autorin Tricia McCary Rhodes das Waisenhaus des Ordens in Kalkutta. „Wir waren gezwungen, uns unseren Weg durch die Menschenmengen hindurchzubahnen", schreibt sie. „Dabei bemühten wir uns, die Straßenverkäufer, die ihre Waren feilboten, die penetranten Bettler und gelegentlich die Körper einzelner armer Gestalten, die neben unseren Füßen dem Tod nahe waren, zu ignorieren." Schließlich erreichte sie mit ihren Begleitern das Waisenhaus und konnte an einer Andacht teilnehmen. „Obwohl wir das Privileg hatten, Mutter Teresa zu treffen, bevor wir hineingingen, trug dies kaum dazu bei, meine Unbehaglichkeit zu lindern, die ich in dieser mir so völlig fremden Großstadt empfand. Doch als wir durch eine Tür in den Raum traten, in dem die Nonnen auf dem Betonboden knieten, kam es uns so vor, als wären wir in eine andere Welt geraten. Die in weiße Tracht gekleideten Schwestern erhoben in wunderbarer Harmonie ihre Stimmen und sangen auf den Knien Loblieder. Wir traten ein und setzten uns an die einzige Stelle, wo das möglich war – auf den Sims eines offenen Fensters. Hinter unserem Rücken tönten die Autohupen, der marktschreierische Lärm der Straßenverkäufer drang an unsere Ohren, die feuchte Hitze und der Gestank der Millionenstadt setzten ihren unermüdlichen Angriff fort. Die Gegenwart Gottes im Raum vor uns war fast greifbar und gleichzeitig konnten wir dem Schmutz, dem Elend und der Bedrängnis von den Straßen hinter uns nicht entkommen."[18]

Die Slums von Kalkutta sind normalerweise nicht im Blickpunkt der Öffentlichkeit. Vielleicht hätte die Welt niemals davon erfahren, was diese Nonne dort tat, wenn es nicht Journalisten gegeben hätte, durch deren Berichte und Dokumentationen Mutter Teresa weltweit bekannt wurde. In einem Interview mit einem Reporter des *Time Magazin* sagte sie: „Wir versuchen, während der Arbeit zu beten, indem wir die Arbeit mit Jesus, für Jesus, auf Jesus hin verrichten." Hier ist ein Auszug aus dem Gespräch[19]:

Time Magazin: Was ist das größte Geschenk Gottes für Sie?
Mutter Teresa: Die armen Menschen.
Time Magazin: Wie sind sie ein Geschenk?
Mutter Teresa: Ich habe durch sie die Möglichkeit, 24 Stunden pro Tag mit Jesus zusammen zu sein.
(...)
Time Magazin: Was ist Ihre größte Hoffnung hier in Indien?
Mutter Teresa: Allen Jesus zu geben.
Time Magazin: Aber Sie evangelisieren nicht im üblichen Sinn des Wortes.
Mutter Teresa: Ich evangelisiere durch meine Liebeswerke.
Time Magazin: Ist das der beste Weg?
Mutter Teresa: Für uns ja. Für jemanden anderen etwas anderes. Ich evangelisiere so, wie Gott es für mich will. Jesus sagte: „Geh und verkündige allen Nationen." Wir sind jetzt in so vielen Nationen und predigen das Evangelium durch unsere Liebeswerke. „Durch die Liebe, die ihr füreinander habt, werden sie erkennen, dass ihr meine Jünger seid." Das ist unsere Predigt. Ich glaube, das ist realer.

Mutter Teresa setzte sich nicht nur für die Armen ein, sondern auch für den Schutz der Ungeborenen. Die radikale Verurteilung der Abtreibung hat ihr besonders von feministischer Seite scharfe Kritik eingetragen. Und auch die Behandlung der Leidenden in ihren Häusern erschien vielen fragwürdig. So wurden dort Kranke und Sterbende unter sehr einfachen Bedingungen ohne Schmerzmittel von Schwestern betreut, die nur unzureichend medizinisch geschult waren.

1979 bekam Mutter Teresa den Friedensnobelpreis. Ganz selbstlos war ihr Einsatz nicht – stets suchte sie im Dienst am Nächsten die Gemeinschaft mit Jesus Christus. In ihren Gebeten drückt sie das so aus: „Liebster Herr. Werde ich dich, verkörpert in deinen Kranken, heute und jeden Tag sehen, und, während ich sie pflege, deine Schmerzen lindern. Wenn du dich auch verbirgst unter dem abstoßenden Mantel des Gereizten, des Fordernden, des Unvernünftigen, darf ich dich doch erkennen und sagen: ‚Jesus, mein Patient, wie süß ist's dir zu dienen.'"[20]

Auf ihrer Visitenkarte stand:

Die Frucht der Stille ist das Gebet.
Die Frucht des Gebetes ist der Glaube.
Die Frucht des Glaubens ist die Liebe.
Die Frucht der Liebe ist das Dienen.
Die Frucht des Dienens ist der Friede![21]

 ## Sind Sie ein „Hand-Mensch"?

Die Lebenszeugnisse dieser und vieler anderer Helden der tätigen Nächstenliebe können motivieren, selbst aktiv zu werden. Sie können aber auch lähmen. Denn wer kann sich mit dem, was er tut, schon mit ihnen vergleichen, ohne sich klein und unbedeutend vorzukommen? Deshalb ist es wichtig festzuhalten, dass es nicht darum geht, große Taten zu vollbringen. Wenn wir über den aktiven Zugang zu Gott kommen, geht es dabei nicht um fromme Leistungen und Pflichtübungen. Diese Tür ist nicht für Menschen gedacht, die sich hier von anderen Lob und Anerkennung erhoffen, sondern sie lädt ein, Jesus ganz praktisch zu erfahren, mitten im Alltag. William Booth und Mutter Teresa kämpften gegen Armut und Krankheit, und auch wir stehen in unserem Alltag unseren ganz persönlichen Herausforderungen, aber auch den schönen Seiten des Lebens gegenüber. Und hier sollen wir leben, lieben, handeln – und dabei Jesus erfahren. Denn nicht nur durch Bibellesen und Gebet, sondern auch dadurch, dass wir täglich versuchen, unseren ganz normalen Alltag mit Jesus zu bewältigen, wächst unser Glaube.

Haben Sie sich in diesem Kapitel an irgendeiner Stelle wiedergefunden? Als Ergänzung hier noch ein paar Impulse. Treffen die folgenden Sätze auf Sie zu? Dann ist die zweite Tür Ihr Zugang zu Gott.

- ☐ In Ihrer Freizeit sind Sie gern aktiv. Sie treiben Sport und/oder haben ein Hobby, bei dem Sie etwas herstellen, kreativ gestalten oder durch Planung auf den Weg bringen.
- ☐ Sie finden, Christen sollten sich mehr in ihrem gesellschaftlichen Umfeld engagieren.
- ☐ Im Gottesdienst fühlen Sie sich durch Predigten angesprochen, die klare Vorschläge und praktische Tipps für den Alltag geben.
- ☐ Matthäus und Lukas sind die Evangelien, die Ihnen am meisten liegen. Besonders die Bergpredigt (Matthäus

5–7) gehört zu den biblischen Texten, die Ihnen am wichtigsten sind. In den Briefen des Paulus sagen Ihnen die hinteren Kapitel viel, in denen er Anweisungen und Ratschläge gibt; die dichten philosophischen Gedanken in den ersten Kapiteln finden Sie eher mühsam zu lesen.

- ☐ Sie lesen nicht so viele christliche Bücher. Musik-CDs oder Hörbücher, die man während einer Tätigkeit nebenbei hören kann, sind eher etwas für Sie. Doch ein Buch mit dem Titel „Nachfolge praktisch – 100 Dinge, die Sie einmal ausprobieren sollten" könnte Sie interessieren.

- ☐ In Ihrer Gemeinde wird ein Seminar über Glaubensfragen geplant. Sie möchten mitarbeiten. Als die Teams zusammengestellt werden, melden Sie sich bei den Arbeitsbereichen Planung, Technik, Dekoration, Bistro oder Betreuung der Referenten. Die inhaltliche Vorbereitung oder die Leitung einer Gebetsgruppe überlassen Sie lieber anderen.

- ☐ Eine befreundete Gemeinde in Italien will in einem ärmeren Stadtviertel einen Kindergarten umbauen und neu einrichten, hat aber wenig Geld und bittet um praktische Unterstützung. Es werden Arbeitsgeräte, Baumaterial, Farbe und Kinderspielzeug gebraucht. Vor allem aber sind zupackende Hände, Improvisationstalent und Kreativität gefragt. Leute aus Ihrer Gemeinde wollen für zwei Wochen hinfahren und mithelfen. Sie sind gern dabei.

 ## Einige Hinweise vor dem Öffnen der zweiten Tür

Christen, die besonders über den aktiven Zugang Gott suchen, haben oft – wie könnte es anders sein – praktische Gaben wie Handwerk, Helfen, Barmherzigkeit und Kreativität, vielleicht auch Organisation und Leitung. Ihr Engagement wirkt motivierend; sie sind oft voller Energie und reißen andere mit. Dadurch helfen sie anderen, durch praktische Schritte im Glauben zu wachsen (die Gabe des Hirtendienstes), was ihnen selbst oft nicht bewusst ist.* In den Gemeinden sind sie tragende Säulen. Ohne Mitarbeiter, die einfach da sind, wenn es etwas zu tun gibt, und die auch gern „kleine" Aufgaben übernehmen, wäre das Leben einer Gemeinde arm. Dennoch fühlen sich praktisch orientierte Christen oft den Denkern und geistlichen Überfliegern unterlegen. Wenn es Ihnen so geht, lassen Sie sich gesagt sein: Es gibt keinen Grund für Sie, sich gering zu fühlen. Ganz im Gegenteil, andere brauchen Ihre Gaben und Ihre Erfahrungen. Und Sie brauchen die Impulse und Hilfen derer, die lieber durch die anderen Türen zu Gott gehen.

Zugegeben: Für Christen, die es in die Praxis drängt, ist es nicht leicht, Formen des Bibellesens und Betens zu finden, die ihrer Neigung entsprechen. Hier müssen Sie vielleicht ganz neue Wege ausprobieren.

In diesem Kapitel finden Sie einige ungewöhnliche Tipps (bei manchen werden Sie vielleicht erst einmal schmunzeln...). Viele der Anregungen sind mit Bewegung oder All-

---

* Auf die einzelnen Gaben kann in diesem Buch nicht näher eingegangen werden. Mehr dazu bei Christian A. Schwarz, Die 3 Farben deiner Gaben. Emmelsbüll 2001 und bei Bill Hybels u. a., D.I.E.N.S.T. Entdecke dein Potential. Teilnehmerbuch. Asslar, 6. Aufl. 2007

tagsverrichtungen verknüpft. Auch wenn Sie eine der beiden anderen Türen zu Gott bevorzugen, weil Sie vielleicht eher ein „Kopf-Mensch" oder ein „Herz-Mensch" sind, lohnt es sich, den einen oder anderen Vorschlag auszuprobieren. Und umgekehrt gilt das genauso – auch in den Kapiteln über die anderen Zugänge gibt es Ideen, die für praktisch veranlagte Christen interessant sein könnten.

Die passenden Schlüssel: Geistliche Ideen für Hand und Fuß

Gebetsspaziergang

Jeden Morgen geht sie mit ihrem Hund spazieren, durch die Marsch und das Dorf, am Friedhof vorbei zur Kirche. Dort hält sie kurz an, um ein Gebet zu sprechen, bevor es dann wieder nach Hause geht.

Beten beim Spazierengehen – warum nicht? Man kann auf dem Weg an bestimmten Orten anhalten, muss es aber nicht. Gehen kann helfen, sich zu konzentrieren, auch wenn man drinnen ist. Wenn ich beispielsweise längere Telefongespräche führe, wandere ich im Zimmer auf und ab. Dasselbe kann man natürlich auch beim Beten machen.

Der Gedanke des Gebetsspaziergangs ist nicht neu; die Mönche wissen schon seit Jahrhunderten von der Wirkung des Gehens. Der Kreuzgang eines Klosters führt an vielen Türen vorbei, durch die man zu den unterschiedlichen Lebens- und Wohnbereichen gelangt. Man kann den Kreuzgang betend abschreiten – und sich damit symbolisch die verschiedenen Bereiche des eigenen Lebens vergegenwärtigen. In einigen Kathedralen in Frankreich findet man auf dem Fußboden Muster in Form von großen Labyrinthen, die ebenfalls betend abgeschritten wurden. Im Gegensatz zu einem Irrgarten gibt es in einem Labyrinth ja nur einen Weg, der zwar verschlungen ist, aber sicher zur Mitte führt und wieder zurück nach außen – ein Gleichnis für unseren Weg mit Gott. Am frühen Ostermorgen wurde in einigen Klöstern bei Sonnenaufgang sogar den Weg entlanggetanzt.

Also, wenn Sie Zeit für Spaziergänge haben, machen Sie doch Gebetswege daraus (ob mit Hund oder ohne). Wenn Sie immer denselben Weg gehen, halten Sie unterwegs an markanten Stellen, Ihren „Gebetsstationen", oder teilen Sie den Weg in verschiedene Gebetsabschnitte. Das kann zum Beispiel so aussehen: Ab der großen Eiche – Lob und Dank; ab der Weggabelung – Beten für das, was heute anliegt; ab dem großen Stein – Fürbitte für die Familie, Freunde und andere Menschen; an der Parkbank – anhalten, zur Stille kommen, um Segen bitten. Probieren Sie's aus!

Christen, die gern Gott in der Natur suchen, können so ihrem Wald- und Wiesenspaziergang mehr Tiefe geben. Aber auch ein Gang durch eine graue Vorstadt kann zum geistlichen Weg werden. Wenn das Wetter es zulässt, können Sie auch an bestimmten Stellen die Losungen oder eine kleine Bibel aus der Tasche ziehen. Beim Weitergehen kann man das Wort Gottes dann einfach auf sich wirken lassen.

Ein Tipp für alle, die in der Stadt wohnen: Wie wäre es mit einer Verkehrsschilder-Meditation[22]? Verkehrsschilder in roter Farbe oder mit rotem Rand bedeuten, dass hier etwas verboten ist, Schilder in Blau sagen mir: „Du darfst". Es gibt Warnungen, Hinweise und Wegweiser. Bei einem Gang durch die Stadt kann ich Gott nach seiner Botschaft für mich fragen. Welchen Weg weist er mir? Wo zeigt er mir ein Stoppschild, welche Wege sind Einbahnstraßen oder Sackgassen? Muss ich eine Geschwindigkeitsbeschränkung einhalten, innerlich einen Gang herunterschalten und mich in Geduld üben, damit ich mich nicht überfordere? Wo sind die Baustellen meines Lebens? Wie sieht es in der Spielstraße aus, in der Familie? Gibt es so etwas wie einen Parkplatz in meinem Alltag, eine Zeit und einen Ort, wo ich zur Ruhe komme und Kraft schöpfe? Wo muss ich Wichtigerem die Vorfahrt gewähren? Wo habe ich Vorfahrt und darf richtig loslegen? Viele Verkehrsschilder können so in eine Zwiesprache mit Gott führen.

Und natürlich kann man sich auch mit anderen zu Gebetsspaziergängen verabreden, zum Beispiel zu einem „Fürbittenweg" durch den Heimatort. So ist es möglich, an bestimmten Punkten für die Menschen im Ort zu beten. Manche Gebäude weisen auf bestimmte Lebensbereiche und Probleme hin: Schule, Kindergarten, Kirche, Rathaus, Krankenhaus, Gericht, Gefängnis, Polizei, Bank, Beratungsstellen etc. Wenn man daran denkt, was in diesen Häusern geschieht, fallen einem mit Sicherheit genug Gebetsanliegen ein[23].

Beten beim Laufen
„Das Laufen hat nicht nur meine körperliche Fitness verbessert, es hat auch mein geistliches Leben verändert. Dabei geht es mir nicht um den Lauf als Metapher für das Leben eines Christen, wie Paulus es beschreibt, sondern um das, was ich beim Laufen mit Gott erlebe", schreibt Christof Klenk in einem Erfahrungsbericht[24]. Beim Joggen spürt man den Körper, genießt die Schöpfung und hat das Gefühl, Dinge hinter sich zu lassen.

Es ist im Grunde dieselbe Idee wie der Gebetsspaziergang, nur eben schneller und sportlicher. Auch beim Laufen kann man in größeren Abständen markante Landschaftspunkte mit Gebeten verbinden. Oder man lässt sein Gebet einfach fließen. „Ich bete gern so, dass ich meine eigene Stimme höre – im Wald ist das nur selten ein Problem", sagt Peter Aschoff. „Hin und wieder starrt mich ein Spaziergänger, den ich übersehen hatte, etwas überrascht an. Egal. Hier schütte ich Gott mein Herz aus, hier kann mal eine Träne fließen, ohne dass es groß auffällt."[25]

Und natürlich können Sie unterwegs auch Musik oder Andachten hören. Möglich ist auch, vor dem Laufen einen Abschnitt aus der Bibel zu lesen, den man dann beim Laufen in sich bewegt. Auch die Idee des Herzensgebetes kann man beim Joggen ausprobieren: Sie finden für sich einen persönlichen Gebetssatz, den Sie dem Rhythmus Ihres Atems anpassen und innerlich immer wiederholen. Oder Sie reden oder singen vor sich hin. „Meistens fällt mir dann ‚Gott ist gegenwärtig' ein, das alte Tersteegen-Lied, von dem ich einige Versfragmente auswendig kann", schreibt Martin Schramm in seinem Laufbuch. „Ich singe, brumme oder schreie diese Verse dann einfach raus."[26]

„Bodyprayer" – Mit dem Körper beten

Viele denken, Beten sei eine rein geistliche Sache. Doch Beten ist auch etwas zutiefst Körperliches. „Oder wisst ihr nicht", schreibt Paulus, „dass euer Leib ein Tempel des heiligen Geistes ist?" (1. Korinther 6,19). „Bodyprayer" ist, wie so viele gute Ideen, keine neue Erfindung. Und sie ist auch etwas für meditativ orientierte Christen.

Wir beten mit dem Körper, meist ohne dass uns das besonders bewusst ist. Wir neigen den Kopf, knien, sitzen oder stehen, schließen die Augen oder haben den Blick auf etwas Bestimmtes gerichtet, falten die Hände, formen sie wie eine Schale, die von Gott gefüllt werden soll, oder heben sie in die Höhe, um uns nach ihm auszustrecken. Manche bekreuzigen sich oder legen eine Hand auf ihr Herz. Andere legen sich mit ausgebreiteten Armen kreuzförmig mit dem Gesicht nach unten auf den Boden – wie die Menschen, die in einen Orden aufgenommen werden und dafür das Ordensgelübde ablegen. Juden beten oft im Stehen und wiegen sich dabei vor und zurück. Wir beten laut oder leise. Ich habe auch schon Tänzerinnen Gebete tanzen sehen. Jede Geste drückt dabei etwas aus, jede Bewegung ist ein Gebet für sich.

Hier ist eine einfache Anleitung, Bewegungen beim Beten gezielt einzusetzen:

Erheben Sie die Arme zum Himmel, um Gott zu loben und sich auf ihn auszurichten.

Lassen Sie langsam die Arme zur Seite sinken und öffnen Sie sich für seine Gegenwart.

Kreuzen Sie die Arme vor der Brust als Zeichen, dass Jesus für Sie gestorben ist und Sie liebt.

Formen Sie mit Ihren Händen eine Schale; lassen Sie Ihre Anliegen zu Gott aufsteigen und empfangen Sie seine Segnungen.[27]

Eine besondere Art, mit dem Körper zu beten, ist das Fasten. Eine Zeit lang auf Essen oder Genussmittel zu verzichten, soll das Gebet intensivieren (Matthäus 17,21). Wer längere Zeit, beispielsweise eine Woche, auf Essen verzichtet, sollte sich einer Fastengruppe anschließen oder sich vorher Rat bei erfahrenen Brüdern und Schwestern holen; es ist wichtig, in dieser Zeit viel zu trinken und den Körper mit Frucht- und Gemüsesäften zu stärken. Extrem lange Fastenzeiten wie die vierzig Tage, die Jesus in der Wüste verbrachte (siehe Matthäus 4,2), sind Ausnahmen und nicht zur Nachahmung empfohlen.

Zeichnen beim Beten

Wenn Sie sich beim Telefonieren Notizen machen, ist dann Ihr Zettel nachher auch mit Kritzeleien verziert? Viele Menschen zeichnen beim Telefonieren vor sich hin, oder auch, wenn sie in Sitzungen nachdenken müssen. Das hilft ihnen, sich zu konzentrieren. Dabei geht es nicht um das Ergebnis (hier entstehen keine Kunstwerke), sondern der Prozess selbst ist wichtig. Warum sollte man das nicht als Konzentrationshilfe beim Beten einsetzen? Sie kaufen sich ein kleines Büchlein, kariert oder mit Blanko-Seiten, und malen einfach beim Beten drauflos. Vielleicht „fließen" dann auch die Gebete besser.

„Andenken" in der Hosentasche

Wer möchte nicht gern Gottes Gegenwart im Alltag spüren? Gegenstände können helfen, den Glauben greifbarer zu machen. So tragen manche Christen in der Passionszeit einen größeren Nagel in der Hosentasche. Jedes Mal, wenn sie dort ihren Schlüsselbund hervorkramen, erinnert der Nagel sie daran, was Jesus für sie getan hat. In der Advents- und Weihnachtszeit kann man Strohhalme – ein Hinweis auf die Krippe – als Lesezeichen benutzen. Ich selbst trage ein kleines Glasherz in meiner Hosentasche mit mir herum; ich habe es geschenkt bekommen als Zeichen, dass ich von Gott geliebt bin. Vielleicht fallen Ihnen noch andere zeichenhafte Gegenstände ein, die Sie spürbar an Gott erinnern.

Beten mit Gegenständen

Gegenstände können Sie auch benutzen, um Ihr Gebet zeichenhaft zu unterstützen, zum Beispiel kleine Steine. Steine sind beständig und wurden deshalb schon in biblischen Zeiten gebraucht, um sich an bestimmte Ereignisse oder Personen zu erinnern. Im Alten Testament wurden Steine aufgerichtet, wenn Menschen etwas mit Gott erlebt hatten, beispielsweise Jakob nach seinem Traum von der Himmelsleiter (1. Mose 28,18–22), das Volk Israel während der Durchquerung des Jordans (5. Mose 27,2; Josua 4,9) oder Samuel nach dem Sieg gegen die Philister (1. Samuel 7,12). Auch heute noch stellen wir Gedenksteine auf, um wichtige Ereignisse nicht zu vergessen. Und auf Friedhöfen stehen wir vor Grabsteinen, die die Erinnerung an geliebte Menschen wachhalten sollen.

Aber Steine können uns auch an lebende Menschen erinnern. Schreiben Sie doch einmal die Namen von Menschen, die Ihnen wichtig sind und für die Sie beten wollen, auf kleine Steine und legen sie diese dann in eine Schale oder ein Körbchen. Anschließend nehmen Sie einen nach dem anderen heraus, und während Sie den Stein in Ihrer Hand fühlen und den Namen vor sich sehen, beten Sie für diese Person[28].

Steine können auch ein Symbol für Belastungen sein. Legen Sie betend vor einem Kreuz Steine ab, wenn Sie Jesus Schweres anvertrauen, und zünden Sie ein Teelicht an für jeden Dank, den Sie aussprechen.

Statt mit harten Steinen kann man auch mit weichen Tüchern beten. Rote Tücher können an Jesu Liebe und sein Blut erinnern, durch das er Sie erlöst hat; blaue an den Himmel und die Gelassenheit des Glaubens, weiße oder gelbe an die göttliche Herrlichkeit und grüne an die wachsende Saat des Wortes Gottes. Lassen Sie die Tücher durch die Hände gleiten oder umhüllen Sie sich symbolisch mit der Liebe und Gnade Gottes.

Auch sogenannte „Fingerkreuze", die im christlichen Handel angeboten werden, können uns durch das Fühlen deutlich machen, was Christus für uns getan hat. Die Kreuze schmiegen sich in die Hand und werden auch in der Krankenhausseelsorge verwendet – zur spürbaren Vergewisserung, dass Jesus auch in der Not da ist und man sich an ihn klammern kann.

Und seit Neuestem gibt es sogar ganze „Minikirchen" zu kaufen, die man überallhin mitnehmen und bei Bedarf öffnen kann: die „Church to go". Ein kleines Holzkästchen wird beim Aufklappen zu einem „Andachtsraum". Im aufgestellten Deckel leuchtet einem ein goldenes Kreuz entgegen, und davor ist in eine Vertiefung ein Teelicht eingelassen – etwas Vertrautes, das es mir ermöglicht, mich auch in ungewohnter Umgebung auf Gott ausrichten zu können.

Sorgen-Tonne

Haushaltsmüll kommt in den Mülleimer. Gedankenmüll auf PC kommt in den virtuellen Papierkorb. Und der Seelenmüll? Kommt vor das Kreuz, zu Jesus – zum Beispiel mittels einer Sorgentonne[29]. Sie nehmen eine Art Papierkorb und gestalten sein Äußeres so, dass er auf Jesus hinweist. Dann schreiben Sie Ihre Sorgen auf kleine Zettel, beten dafür, zerknüllen sie und werfen sie in die Tonne. Wenn der Behälter dann irgendwann geleert wird, müssen die zerknüllten Blätter ungelesen vernichtet werden; am eindrücklichsten durch Verbrennen.

Inselhüpfen

Wenn man sich beim Beten gern bewegt, aber nicht rausgehen will oder kann, ist dies eine Methode, die sich gut in der Wohnung umsetzen lässt: Sie schreiben Ihre Gebetsanliegen mit einem dicken Filzstift auf größere Zettel oder Karten. Dann verteilen Sie diese auf dem Fußboden und stellen sich zum (oder auf den) ersten Zettel. Hier beten Sie für dieses Anliegen, hüpfen oder gehen danach zur zweiten „Gebetsinsel" und so weiter.[30] Das „Inselhüpfen" eignet sich auch gut als Aktion im Haus- oder Gebetskreis.

Verheißungsbaum
Bei uns im Pfarrgarten steht eine alte Eibe. Im Sommer, wenn sich Kindergruppen treffen oder die Kinderbibelwoche stattfindet, lädt der Baum zum Klettern ein. Einmal haben wir ihn auch direkt in ein Sommerfest einbezogen: Wir hängten Streifen mit Kinder-Tattoos, auf denen Segenssprüche standen, an die Äste. So konnten sich die Kleinen beim Klettern ein Segenswort pflücken und dann gleich mit einem nassen Waschlappen auf ihren Arm drucken.

So ein Segensbaum kann auch etwas für Erwachsene sein[31]. Vielleicht haben Sie in Ihrer Wohnung ja eine etwas größere Pflanze, an die Sie kleine Kärtchen mit Bibelversen, die Ihnen besonders wichtig sind, hängen können. So wird die Pflanze zum sichtbaren Zeichen dafür, dass Ihr Glaube wachsen soll – der ja wie Ihre Zimmerblumen auch regelmäßig Pflege braucht. Eine kleine Gießkanne, auf der die Worte Jesu über lebendiges Wasser (Johannes 4,13–14) zu lesen sind, kann das symbolische Bild noch ergänzen. Eine weitere Idee: „Ernten" Sie Ihre Bibelworte, um sie mit in den Tag zu nehmen, und bestücken Sie die Pflanze anschließend wieder mit neuen Kärtchen.

Lobpreisduschen
„In meiner Badewanne bin ich Kapitän", heißt es in einem alten Schlager. Genau, so ist es, und so benehmen wir uns dann auch. Hier sind wir für uns, hier ist für kurze Zeit unser Reich und unsere Stunde. Ob nun in der Wanne oder unter der Dusche: Auch vermeintlich unmusikalische Naturen

können hier alles rauslassen. Die Akustik zwischen gekachelten Wänden reizt einfach zum Singen, und der entspannende warme Wasserstrahl auf der Haut tut sein übriges. Lobpreisduschen – warum soll das keine angemessene Form von Anbetung sein? Ich glaube, dass Gott sich freut, wenn wir so den Tag beginnen. Auf jeden Fall nehmen wir selbst Freude mit in den Tag.

Beten auf dem Klo
Stille Zeit auf dem stillen Örtchen? Warum nicht? Man mag es kaum glauben, aber hinter dieser etwas anrüchigen Überschrift verbirgt sich ein Klassiker. Martin Luther hat nach eigener Aussage die entscheidende Einsicht, die schließlich zur Reformation führte, nicht in seinem Studierzimmer bekommen, sondern – genau hier: „Die Befähigung hat mir der Geist Gottes in diesem Turm auf der ‚cloaca' gegeben", schreibt er.[32] Luther wird auch nachgesagt, dass er im Kloster auf der Latrine öfter gebetet und Loblieder gesungen habe. Die Einwände anderer, das könne er doch nicht machen, wies er, so wird erzählt, als Anfechtungen des Teufels zurück – mit dem Hinweis, alles was nach oben gehe, sei für Gott, und alles, was nach unten gehe, bekomme der Teufel.

Nachdem eventuelle moralisch-theologische Vorbehalte hiermit geklärt wären, bleibt nur noch der hygienische Aspekt. Wer an diesem Ort Bibel lesen will, sollte eine gesonderte Ausgabe nur für dieses Örtchen bereitlegen.

Zugegeben, gefühlsmäßig ist dieser Raum, was seine Funktion betrifft, ziemlich weit von einem Andachtsraum entfernt. Aber achten wir ihn nicht gering! Die Toiletten gehören beispielsweise auf christlichen Kongressen mit mehreren tausend Teilnehmern zu den wichtigsten Räumen; sie müssen ausreichend vorhanden und sauber sein. Wenn es hier Probleme gibt, wirkt sich das negativ auf die ganze Veranstaltung aus. Auch zu Hause ist das stille Örtchen wichtig, denn es ist der Raum, den alle mindestens einmal am Tag aufsuchen, ob sie wollen oder nicht. Beten auf dem Klo ist der Geheimtipp für alle, die meinen, sie hätten überhaupt keine Zeit für eine Stille Zeit. Denn egal, wie eng der Terminplan ist – dem Drang der Natur muss man irgendwann folgen… Was für eine Chance, wenigstens für ein paar Minuten allein mit Gott zu sein! Und: Machen Sie sich keine Gedanken darüber, wie er das findet. Ein Vater, der sein Baby wickelt, hat auch Freude an seinem Kind und widmet ihm liebevoll seine ganze Aufmerksamkeit, obwohl das, was ihm da vor Augen ist und in die Nase steigt, einfach zum Himmel stinkt. Und Gott ist ein ebenso liebevoller Vater!

Ankleiden mit Bibelversen

Es kann sehr bereichernd sein, einmal Gottesdienste anderer Konfessionen zu besuchen. Jede kirchliche Tradition hat ihren geistlichen Erfahrungsschatz, aus dem wir schöpfen können. Die Glaubensgemeinschaften, die evangelischen Christen besonders fremd erscheinen, sind die orthodoxen Kirchen. Stundenlange Gottesdienste mit ausgedehnten liturgischen Gesängen, Ikonen, Weihrauch und einer für uns meist unverständlichen Sprache – das alles scheint meilenweit entfernt zu sein von dem, was jeden Sonntag in einer kleinen Baptistengemeinde oder in einem landeskirchlichen Gottesdienst stattfindet. Und doch gibt es so manches in der orthodoxen Tradition, das auch Christen anderer Prägung für sich entdeckt haben. Ikonen werden zum Beispiel schon länger auch von evangelischen Christen als Gebetshilfe genutzt.

Hier ist noch eine Idee, die aus der orthodoxen Kirche kommt: das Ankleiden mit Bibelversen. Wenn die orthodoxen Priester und Diakone zum Gottesdienst die kostbaren und reich verzierten Gewänder anlegen, dann ziehen sie sich nicht einfach um, sondern werden bekleidet. Und weil die verschiedenen Kleidungsstücke auch eine symbolische Bedeutung haben, werden dabei Gebete und bestimmte Bibelverse gesprochen.

Das lange Untergewand aus Leinen wird mit Jesaja 61,10 angezogen: „Jubeln soll meine Seele über meinen Gott! Denn er hat mich in Gewänder des Heils gekleidet, mir den Mantel der Gerechtigkeit umgelegt wie ein Bräutigam, der sich den Kopfschmuck nach Priesterart zurichtet, und wie eine Braut, die ihr Geschmeide anlegt."

Das Gewand darüber wird mit Psalm 132,9 angelegt: „Lass deine Priester sich kleiden in Gerechtigkeit, und deine Frommen mögen jubeln jetzt und immerdar und von Ewigkeit zu Ewigkeit."

Und der Gürtel wird umgebunden, während die Worte aus Psalm 18,33–34 gesprochen werden: „Gepriesen ist Gott, der mit Kraft mich umgürtet und meinen Weg ohne Anstoß gemacht hat, der mir Füße verliehen den Hirschen gleich und mich sicher auf Berghöhen gestellt."[33]

Auf diese Weise bekommen die Geistlichen das Wort Gottes spürbar zugesprochen, sie werden nicht nur angezogen, sondern mit den Verheißungen Gottes bekleidet.

Warum sollte diese Tradition nur etwas für geistliche Würdenträger in kostbaren Gewändern sein? Im Neuen Testament gebraucht Paulus das Ankleiden als Bild für das, was sich durch den Glauben in unserem Leben verändert: „Zieht den neuen Menschen an, der nach Gott geschaffen ist in wahrer Gerechtigkeit und Heiligkeit" (Epheser 4,24).

Hier sind also ein paar Ideen für den Garderobenwechsel mit Bibelversen:

Umziehen mit Kolosser 3
Lernen Sie den angegebenen Bibeltext am besten auswendig und sprechen Sie ihn für sich. Beim Ausziehen wird mit jedem Stichwort ein Kleidungsstück abgelegt:

„Nun aber legt alles ab von euch: Zorn, Grimm, Bosheit, Lästerung, schandbare Worte aus eurem Munde" (Kolosser 3,8).

Und beim Anziehen wird mit jedem Stichwort ein Kleidungsstück angezogen:

„So ziehet nun an als die Auserwählten Gottes, als die Heiligen und Geliebten, herzliches Erbarmen, Freundlichkeit, Demut, Sanftheit, Geduld, und ertrage einer den anderen und vergebt euch untereinander, wenn jemand Klage hat gegen den andern; wie der Herr euch vergeben hat, so vergebt auch ihr. Und über dies ziehet an die Liebe, die da ist das Band der Vollkommenheit" (Kolosser 3,12–14).

Anziehen mit Epheser 6
Dasselbe kann man auch mit dem Abschnitt aus dem Epheserbrief machen, in dem es um die geistliche Waffenrüstung geht, und sich so betend unter den Schutz Gottes stellen. Auch hier werden zu den Versen nacheinander Kleidungsstücke angezogen, wobei auf eine gewisse Reihenfolge geachtet werden muss. Das kann sich mit Unterbrechungen (z. B. Frühstück) vom Aufstehen bis zum Verlassen des Hauses oder dem Beginn der Arbeit hinziehen:

- Sagen Sie zu Anfang: „Ziehet an die Waffenrüstung Gottes, damit ihr bestehen könnt gegen die Anschläge des Teufels …"

- Unterwäsche, Hose oder Rock, Oberbekleidung anziehen: „So steht nun fest, umgürtet an euren Lenden mit Wahrheit und angetan mit dem Panzer der Gerechtigkeit..."
- Socken, Schuhe anziehen: „... und an den Beinen gestiefelt, bereit, einzutreten für das Evangelium des Friedens."
- Jacke anziehen, Tasche nehmen: „Vor allen Dingen aber ergreift den Schild des Glaubens, mit dem ihr auslöschen könnt alle feurigen Pfeile des Bösen..."
- Mütze, Fahrrad- oder Motorradhelm aufsetzen, oder symbolisch Hand an die Stirn legen: „... und nehmt den Helm des Heils..."
- Bibel, Losungsheft, Kärtchen mit Bibelvers oder ähnliches in die Tasche packen oder berühren: „... und das Schwert des Geistes, welches ist das Wort Gottes."

Dem Ankleiden mit Bibelversen sind übrigens keine Grenzen gesetzt. Man kann auch das Vaterunser sprechen oder die Seligpreisungen in Matthäus 5. Auch andere Tätigkeiten kann man mit Bibelversen oder Gebeten verknüpfen.

Bibelverse in der Wohnung verteilt

Ich besuchte einmal ein Paar, das für einige Zeit ins Ausland gezogen war. Um besser die Landessprache zu lernen, waren überall in ihrer Wohnung, an Stuhl und Tisch, an Schränken und anderen Gegenständen kleine Zettel mit den entsprechenden Vokabeln angebracht. Eine gute Idee, fand ich. Auf ähnliche Weise kann man auch Kärtchen mit Bibelversen oder Gebeten an verschiedenen Stellen in der Wohnung anbringen, sodass einem Gottes Wort im Alltag immer wieder begegnet. Übrigens auch ein Tipp für alle Gestressten, die unter Zeitknappheit leiden.

So können Sie die Zimmer Ihrer Wohnung zu ermutigenden und tröstenden Räumen machen. Zum Beispiel, indem Sie bestimmte Wohnbereiche mit bestimmten Inhalten verbinden.

Hier wieder ein paar Vorschläge:

Hausflur:
- Machet die Tore weit und die Türen in der Welt hoch, dass der König der Ehre einziehe! (Psalm 24,7)
- Gehet zu seinen Toren ein mit Danken, zu seinen Vorhöfen mit Loben; danket ihm, lobet seinen Namen! (Psalm 100,4)
- Der Herr behüte deinen Ausgang und Eingang von nun an bis in Ewigkeit! (Psalm 121,8)

Küche:
- Schmecket und sehet, wie freundlich der Herr ist. Wohl dem, der auf ihn trauet! (Psalm 34,9)
- Wie köstlich ist deine Güte, Gott, dass Menschenkinder unter dem Schatten deiner Flügel Zuflucht haben! Sie werden satt von den reichen Gütern deines Hauses, und du tränkst sie mit Wonne wie mit einem Strom. Denn bei dir ist die Quelle des Lebens, und in deinem Lichte sehen wir das Licht. (Psalm 36,8–10)
- Aller Augen warten auf dich, und du gibst ihnen ihre Speise zur rechten Zeit. Du tust deine Hand auf und sättigst alles, was lebt, nach deinem Wohlgefallen. (Psalm 145,15–16)

Bad:
- Wasche mich rein von meiner Missetat, und reinige mich von meiner Sünde. (Psalm 51,3)
- Jesus spricht: „Wer an mich glaubt, wie die Schrift sagt, von dessen Leib werden Ströme lebendigen Wassers fließen." (Johannes 7,38)

Wohnzimmer:
- Gutes und Barmherzigkeit werden mir folgen mein Leben lang, und ich werde bleiben im Hause des Herrn immerdar. (Psalm 23,6)
- Wohl denen, die in deinem Hause wohnen; die loben dich immerdar. (Psalm 84,5)

Schlafzimmer:
- Am Tage sendet der Herr seine Güte, und des Nachts singe ich ihm und bete zu dem Gott meines Lebens. (Psalm 42,9)
- Er wird dich mit seinen Fittichen decken, und Zuflucht wirst du haben unter seinen Flügeln. (Psalm 91,4)
- Spräche ich: „Finsternis möge mich decken und Nacht statt Licht um mich sein", so wäre auch Finsternis nicht finster bei dir, und die Nacht leuchtete wie der Tag; Finsternis ist wie das Licht. (Psalm 139,11–12)

Kinderzimmer:
- Kindeskinder werden deine Werke preisen und deine gewaltigen Taten verkündigen. (Psalm 145,4)
- Jesus spricht: „Lasst die Kinder zu mir kommen und wehret ihnen nicht, denn solchen gehört das Reich Gottes. Wahrlich, ich sage euch: Wer das Reich Gottes nicht empfängt wie ein Kind, wird nicht hineinkommen." (Markus 10,14–15)

Arbeitszimmer:
- Herr, zeige mir deine Wege und lehre mich deine Steige! Leite mich in deiner Wahrheit und lehre mich! Denn du bist der Gott, der mir hilft; täglich harre ich auf dich. (Psalm 25,4–5)
- Herr, hilf! O Herr, lass wohlgelingen! (Psalm 118,25)

- Jesus spricht: Ohne mich könnt ihr nichts tun. (Johannes 15,5)

Werkstatt, Garage:
- Und der Herr, unser Gott, sei uns freundlich und fördere das Werk unserer Hände bei uns. Ja, das Werk unserer Hände wollest du fördern! (Psalm 90,17)
- Denn, Herr, du lässt mich fröhlich singen von deinen Werken, und ich rühme die Taten deiner Hände. Herr, wie sind deine Werke so groß! (Psalm 92,5–6)

Sie können aus Ihrer Wohnung auch eine „Stiftshütte" machen.[34] Die Stiftshütte war zu Zeiten der Wüstenwanderung der Israeliten das Heiligtum, in dem sie Gott begegneten. Und von diesem Ort der Gottesbegegnung können wir uns inspirieren lassen. In der Stiftshütte gab es verschiedene Bereiche und Gegenstände, die wir in unseren Alltag übertragen können: den Brandopferaltar (Küche), das Waschbecken (Bad), den Tisch mit den Schaubroten (Essbereich), den siebenarmigen Leuchter (Wohnzimmer), den Räucheraltar (Ecke mit Duftkerzen) und die Bundeslade (Andachtsbereich, Platz der Bibel). Durch Bibelverse oder symbolische Gegenstände können Sie sich daran erinnern lassen, dass Gott in allen Ihren Lebensbereichen gegenwärtig ist und Sie auf Ihrer Wanderung durchs Leben begleitet.

In jüdischen Wohnungen ist es üblich, an jedem Türpfosten eine kleine längliche Kapsel anzubringen, die Mesusah. Innen befindet sich eine kleine Schriftrolle mit einem Abschnitt aus der Thora. Auch davon können wir uns anregen lassen – und zum Beispiel an die Türrahmen Sätze aus den Seligpreisungen befestigen, aber eben so, dass man sie lesen kann. Und vielleicht kommen Ihnen jetzt noch andere Ideen …

Die dritte Tür: Im Geist anbeten

 **Der meditative Zugang zu Gott**

Vor mir lag eine besondere Woche: sieben Tage im Kloster. Sieben Tage lang mit Mönchen schon am frühen Morgen singen und beten, für sieben Tage aussteigen aus dem hektischen Arbeits- und Familienalltag. Ruhe finden, zu Gott kommen, auftanken. Als diese Fortbildung für Pastoren angeboten wurde, hatte ich mich gleich angemeldet.

In dem Informationsschreiben wurde darauf hingewiesen, dass diese Auszeit nur etwas wäre für Leute, die bereit sind, eine längere Zeit in der Stille zu verbringen. Kein Problem, dachte ich. Einige Stunden in der Stille traute ich mir zu. Das war es ja, was ich suchte, und ich freute mich darauf.

Als ich am Montagmorgen im Kloster ankam, machte sich schnell eine gewisse Ernüchterung in mir breit. Das Gebäude, in dem die Benediktiner in dieser Gegend lebten, war kein altehrwürdiges Gemäuer mit Kreuzgang und alter Kirche, sondern eine ehemalige Schule aus den sechziger Jahren. Niedrige Decken und lange Flure verbreiteten immer noch die Atmosphäre eines Gymnasiums. Es gab viele helle

Wände mit nur wenigen Bildern – kaum Ablenkung für die Augen. Hier wurde man nicht durch eine sakrale Architektur angesprochen; hier konnte man sich nicht an alter christlicher Kunst erfreuen oder unter romanischen Gewölben wandeln. Um hier Gott begegnen zu können, musste man die Augen schließen.

Ein freundlicher Pater begrüßte unsere Gruppe. Er war in dieser Woche unser seelsorgerlicher Begleiter. „Wir haben Sie ja vorher darauf hingewiesen, dass Sie bereit sein sollten, eine längere Zeit in der Stille zu verbringen", sagte er. Alle nickten. „Nun, das ist gut", fuhr er fort. „Die Zeit der Stille beginnt am morgigen Dienstag mit dem Aufstehen – und endet am Samstagabend!"

Können Sie sich unsere erstaunten Gesichter vorstellen? Auf eine „längere Zeit der Stille" hatten wir uns nach unseren Maßstäben eingerichtet. Aber dass man hier darunter mehrere Tage verstand – inklusive Mahlzeiten – darauf waren wir nicht gefasst.

Der Pater hörte sich unsere Bedenken ruhig an. Dann lernten wir seine Sicht kennen. Für ihn war das sein gewohnter Lebensstil. Er wusste genau, wie das Leben in der Stille Menschen im Innern verändert. Und er wusste, dass eine Woche Schweigen im Grunde eine sehr kurze Zeit war. In seinen Augen war das lediglich ein Schnupperkurs in Sachen Stille, der uns nur eine erste Vorstellung von diesem Weg zu Gott geben konnte, nicht mehr.

Und wir lernten unseren Stille-Begleiter gut kennen in dieser Woche. Ich habe selten einen Menschen getroffen, der so einen klaren Blick für das hat, was in anderen vorgeht. Einmal pro Tag durften wir für kurze Zeit das Schweigen brechen, um zu erzählen, wie es uns geht. Es bestand auch die Möglichkeit, unseren Pater zusätzlich um ein Gespräch zu bitten, wenn uns danach war. Manchen fiel die Schweigewoche leicht, andere hatten zu kämpfen und waren oft in der Seelsorge bei ihm.

Eine Erfahrung machten wir alle: Am Anfang, als wir in die Stille gingen, war es in uns nicht still, sondern laut. Ein Sturm von Gedanken und Bildern tobte durch unsere Köpfe. Doch das kannten die Mönche auch, schon seit den ersten Jahrhunderten des Christentums. Wer Gott in der Stille begegnen will, trifft zuerst jemanden, dem man am liebsten aus dem Weg gehen würde – sich selbst. Dinge, die man bisher erfolgreich verdrängen konnte in der Geschäftigkeit des Alltags, kamen plötzlich hoch. Unser Pater wartete geduldig, aber aufmerksam auf das, was da aus den Tiefen unserer Seelen aufstieg, bearbeitete es mit uns im Gespräch und ermutigte uns immer wieder, diesen Weg weiterzugehen, auch wenn er phasenweise schmerzhaft war. Am Ende der Woche hatten manche von uns begonnen, wichtige Dinge in ihrem Leben vor Gottes Angesicht zu klären, die sie ohne den Weg in die Stille niemals angerührt hätten. Und das Erstaunlichste für mich war: Am Ende unserer Auszeit hatten wir den Eindruck, dass wir uns sehr gut kannten und viel voneinander wussten – obwohl wir uns alle im Kloster das erste Mal begegnet waren und auch kaum die Möglichkeit hatten, uns zu unterhalten, bevor die Zeit des Schweigens begann. Jetzt kannten wir vielleicht nicht den Namen der Person, die da neben uns kniete, und wussten nicht, wie alt die Kinder der Frau waren, die beim Frühstück schweigend neben uns saß und eine Tasse Tee trank. Doch wir wussten genau, ob er oder sie traurig war oder entspannt, seelisch belastet oder mit sich und Gott im Reinen und ob jemand allein sein wollte oder eine tröstende Hand brauchte. Die Stille vor Gott schärfte die Sinne – für das, was Gott uns zu sagen hatte, für das, was wirklich wichtig war, und für das, was der Nächste neben uns gerade brauchte. Im Kloster begegnete ich Gott ganz neu, indem ich durch die dritte Tür trat – die der Meditation.

Wie wirkt diese Geschichte auf Sie? Eine solche Woche in der Stille – wäre das für Sie ein Vorgeschmack des Himmels oder der Hölle? Wenn Sie froh sind, so etwas bisher nicht erlebt zu haben, ist das völlig in Ordnung. Dann liegt Ihr bevorzugter geistlicher Zugang wahrscheinlich woanders. Doch wenn die Vorstellung, einmal längere Zeit im Gebet zu verbringen, etwas Schönes für Sie ist, könnte dies die Tür zu Gott sein, die Sie häufiger öffnen sollten. Dazu muss man natürlich nicht gleich in ein Kloster gehen. Auch mitten im Alltag können Sie Wege finden, den meditativen Zugang zu Gott zu leben, denn den hat Gott von Anfang an in uns hineingelegt.

 ## Offen sein für Gottes Geist

Als Gott den Menschen schuf, war das nicht nur ein biologischer Vorgang, sondern auch ein spiritueller. Gott formte den Menschen aus Materie „und blies ihm den Odem des Lebens in seine Nase. Und so wurde der Mensch ein lebendiges Wesen" (1. Mose 2,7). Das Wort für das, was den Menschen hier anweht und ihn lebendig macht, heißt auf hebräisch „ruach", das bedeutet: „Atem", „Hauch" oder „Wind", aber auch „Geist". Es ist derselbe *ruach* Gottes, der am Anfang der Schöpfung über den Wassern schwebt (1. Mose 1,2), und das Säuseln, durch das sich Gott dem Propheten Elia offenbart hat (1. Könige 19,12 ff). Es ist Gott selbst. Es ist der Atem, mit dem Jesus seine Jünger anhauchte und sagte:

„Nehmt hin den Heiligen Geist" (Johannes 20,22). Und es ist derselbe Geist, der auch denen verheißen ist, die an ihn glauben – uns Christen.

Eines der populärsten und zugleich schwammigsten religiösen Wörter der letzten zwanzig Jahre war das Wort „spirituell". Alle möglichen Leute sind auf der Suche nach ihrer Spiritualität. Für Christen kann das nur bedeuten, dass Spiritualität etwas mit diesem „spiritus sanctus", mit dem Geist Gottes zu tun hat, der uns verheißen ist und den Gott von Anfang an in uns hineingehaucht hat. Denn durch ihn wurden wir lebendig. Durch ihn sind wir mehr als nur Fleisch und Blut. Wir sind geistliche Wesen. Gott kann uns in Gestalt des Heiligen Geistes auf dieser „spirituellen" Ebene ansprechen.

Allerdings haben wir diesen Geist Gottes nicht bekommen, um darüber verfügen zu können. Er ist keine Kraft, die wir anzapfen können, um uns eigenmächtig zu Gott emporzuschwingen, sei es durch bestimmte Meditationstechniken oder andere Methoden. Auch diese spirituelle Seite in uns ist durch den Sündenfall zerstört und verzerrt. Wir haben zwar eine Antenne für Gottes Reden, doch der Empfang ist stark gestört. Wenn wir spirituelle Erfahrungen machen, sind wir stets auf Jesus Christus angewiesen, der uns mit Gott versöhnt. Es gibt keinen geistlichen Weg an ihm vorbei; alles ist auf ihn ausgerichtet. Erfahrungen der Stille, des Friedens im Gebet und der gefühlten Gemeinschaft mit Jesus sind seine Geschenke an uns. Und das gilt auch für alle sonstigen geistlichen Erfahrungen, die wir machen, sei es durch Bilder, Worte und Prophetien. Jesus ist und bleibt der, der hier handelt. Niemand kann eine echte Begegnung mit ihm erzwingen, aber alle sind eingeladen, die Gemeinschaft mit ihm zu suchen.

Ein Bild für die innere Antenne, mit der wir Gott gegenüber auf Empfang gehen können, ist das Herz. Wenn die Bibel vom Herz des Menschen spricht, meint sie nicht in erster Linie den Muskel, der in unserer Brust unablässig arbeitet. Das Herz ist in der Bibel der Sitz der Gefühle, aber auch des Willens und des Mutes. Auch in unserem Sprachgebrauch ist das so: Wir haben ein Herz für etwas, sind herzlich, mit dem Herzen bei einer Sache, schließen andere ins Herz, fassen uns ein Herz. Was in unserem Herzen ist, machen wir uns zu eigen. Etwas auswendig zu können, heißt im Englischen „to know by heart", wörtlich übersetzt „mit dem Herzen kennen". In der Weihnachtsgeschichte heißt es zum Schluss: „Maria aber behielt alle diese Worte und bewegte sie in ihrem Herzen" (Lukas 2,19).

Natürlich sollten alle Christen ein Herz für Gott haben. Bei manchen ist diese Antenne für Gott allerdings besonders empfänglich. Sind Sie so ein „Herz-Mensch"? Die folgenden Beispiele aus der Bibel und der Kirchengeschichte sollen Ihnen helfen, sich selbst auf die Spur zu kommen.

 ## „Herz-Menschen" in der Bibel

In der Bibel lesen wir von vielen Männern und Frauen, die Gott besonders durch das Herz erfahren haben.

Samuel

Einer von ihnen war Samuel, der letzte Richter in Israel, der Saul und später David zum König salbte. Samuel konnte klar zwischen seinen Gedanken und der Stimme Gottes unterscheiden, und er machte immer wieder die Erfahrung, dass Gottes Wille völlig anders sein konnte als das, was er selbst als richtig ansah. Die Geschichte von der Erwählung Davids zeigt das besonders deutlich (siehe 1. Samuel 16): Samuel hatte den Auftrag bekommen, unter den Söhnen Isais den zukünftigen König Israels zu salben. Aber welcher der sieben jungen Männer sollte es sein? Samuel hätte vom äußeren Eindruck her gleich den ersten genommen, doch Gott korrigierte ihn. „Als sie nun kamen, sah er den Eliab an und dachte: ‚Fürwahr, da steht vor dem Herrn sein Gesalbter'. Aber der Herr sprach zu Samuel: ‚Sieh nicht an sein Aussehen und seinen hohen Wuchs, ich habe ihn verworfen. Denn der Herr sieht nicht auf das, worauf ein Mensch sieht. Ein Mensch sieht, was vor Augen ist; der Herr aber sieht das Herz an'" (1. Samuel 16,7). Schließlich war es keiner der stattlichen Kandidaten, sondern der kleine Bruder David, den man erst von den Schafen holen musste. Niemand hätte gedacht, dass Samuel seinetwegen gekommen war. Er selbst muss auch ziemlich überrascht gewesen sein, doch er ließ sich ganz von Gottes Stimme leiten.

Diese göttliche Stimme zu hören und von anderen Stimmen zu unterscheiden, geschah jedoch nicht von selbst. Samuel musste es lernen, um nach und nach immer mehr Übung darin zu bekommen. In seiner Jugend ging er beim Priester Eli in die Lehre. In dieser Zeit, so wird berichtet, „geschah es sehr selten, dass der Herr den Menschen durch Worte oder Visionen etwas mitteilte" (1. Samuel 3,1; Hfa). Eines Nachts, als er im Heiligtum neben der Bundeslade schlief, rief ihn Gott mit Namen. Samuel stand auf und lief zu Eli, weil er dachte, er hätte ihn gerufen. Doch der erwiderte: „Ich habe nicht gerufen, geh wieder hin und lege dich schlafen" (1. Samuel 3,5). Das wiederholte sich noch zweimal, bevor der erfahrene Priester Eli erkannte, dass sein Schüler von Gott gerufen wurde. Er riet ihm: „Und wenn dich noch

einmal jemand ruft, dann antworte: ‚Sprich, Herr, ich höre.'"
(1. Samuel 3,9; Hfa). Beim nächsten Ruf Gottes beherzigte Samuel diesen Rat, und er hörte, was Gott zu sagen hatte.

Dieses Erlebnis war der Beginn seiner tiefen Beziehung zu Gott. Vor dieser Erfahrung hieß es von ihm: „Samuel wusste nicht, dass der Herr ihn gerufen hatte, denn er hatte ihn noch nie reden hören." Danach wird berichtet: „Samuel wuchs heran. Der Herr stand ihm bei und ließ keine Ankündigung Samuels unerfüllt bleiben" (1. Samuel 3,7.19; Hfa). Als Gott ihn zum ersten Mal rief, ging er unter der Anleitung seines Lehrers zum ersten Mal durch diese dritte Tür.

Simeon und Hanna

Als Maria und Josef mit dem neugeborenen Jesus in den Tempel kamen, wurden sie von den vielen anderen Leuten dort kaum wahrgenommen. Nur zwei Tempelbesucher – Simeon und Hanna – sahen in ihnen mehr als nur eine Familie, die ihren erstgeborenen Sohn zum Priester bringen, wie es damals jüdischer Brauch war. Simeon war mit dem heiligen Geist erfüllt, und er wusste, dass er nicht eher sterben würde, bis er den verheißenen Messias mit eigenen Augen gesehen hätte. In genau der Stunde, als Maria und Josef in den Tempel gingen, kam auch Simeon in das Gotteshaus – Gott selbst hatte es ihm gesagt – und er erkannte in dem Säugling auf dem Arm der jungen Frau sofort den Erlöser. Auch die hochbetagte Hanna, die hinzukam, hatte diese Erkenntnis. Sie wird in der Bibel als Prophetin bezeichnet. Von ihr lesen wir: „Hanna verließ den Tempel nur noch selten. Um Gott zu dienen, betete und fastete sie Tag und Nacht" (Lukas 2,37; Hfa).

Gott hatte Simeon und Hanna die Gabe geschenkt, mit den Augen des Herzens etwas zu sehen, das anderen verborgen war. „Man sieht nur mit dem Herzen gut; das Wesentliche ist für die Augen unsichtbar" – diese Weisheit von Antoine de Saint-Exupéry charakterisiert die Stärke von Herz-Menschen wie diese beiden Beter im Tempel von Jerusalem.

Maria, die Schwester Marthas
Von Martha haben Sie im vorangegangenen Kapitel schon gehört. Während sie in ihrer Beziehung zu Gott voll auflebte, wenn sie etwas für ihn tat, genoss es ihre Schwester Maria, einfach bei ihm zu sein. Als Jesus zu Besuch kam, setzte sie sich einfach zu ihm – dorthin, wo auch die Jünger saßen–, um Jesus zuzuhören (siehe Lukas 10,38–42). Damit setzte sie sich über alle damaligen Rollenzuweisungen hinweg. Denn zum Schülerkreis eines jüdischen Lehrers durften nur Männer gehören. Doch Maria interessierte sich nicht für Konventionen. Sie suchte intuitiv die Nähe Jesu, um von ihm zu lernen (deshalb ist Maria vielleicht auch ein Vorbild für „Kopf-Menschen") und um einfach in seiner Nähe zu sein, ihr Herz zu öffnen für seine Gegenwart. Dass zwischen ihr und Jesus eine besondere Verbindung bestand, erfahren wir in einer anderen Geschichte: Sechs Tage vor dem Passahfest, an dessen Vorabend Jesus gekreuzigt wurde, war er wieder im Hause Marias zu Besuch. „Da nahm Maria ein Pfund Salböl von unverfälschter, kostbarer Narde und salbte die Füße Jesu und trocknete mit ihrem Haar seine Füße" (Johannes 12,3). Während der Blick der Jünger nur am Materiellen hängen bleibt und sie entsetzt über die Verschwendung dieser Kostbarkeit diskutieren, weiß Jesus, dass Maria erkennt, was auf ihn zukommt, und nimmt sie in Schutz: „Lass sie doch! Maria hat damit nur die Salbung für mein Begräbnis vorweggenommen" (Johannes 12,7; Hfa). Aus tiefer Liebe zu Jesus gibt sie dieses Öl hin, das vermutlich alle ihre Erspar-

nisse verschlungen hatte und ihre Altersvorsorge in Nichts auflöste. Sie gab Jesus damit einen Schatz, der andeutete, dass sie ihm ihre Zukunft überlassen wollte. Zugleich schien sie vorauszuahnen, dass Jesus sterben und sein Leben für andere geben wird, so wie sie gerade das kostbare Öl geopfert hatte. Diese tiefe Einsicht erhalten nur Menschen, die durch die dritte Tür zu Gott gehen.

 ## „Herz-Menschen" in der Geschichte

Wenn man in der Kirchengeschichte nach Menschen sucht, die einen meditativen Zugang zu Gott hatten, findet man viele beeindruckende Zeugnisse: die Mönche aus der frühen Zeit des Christentums, deren Gebets- und Meditationserfahrungen auch noch heute hilfreich sind, oder die bekannten Ordensgründer wie Bernhard von Clairvaux und Franz von Assisi, die zu ihrer Zeit geistliche Jugendbewegungen auslösten und mit ihren Schriften bis heute vielen Christen für ihr Gebetsleben wertvolle Anregungen geben. Oder auch Menschen wie der Missionslehrer Frank C. Laubach, der mit dem Gebet „herumexperimentierte" und sich zum Ziel setzte, ständig – auch während seiner Arbeit – zu beten[35]. Zu den „Herz-Menschen" gehören auch eine Reihe von Frauen, die tiefe geistliche Einsichten hatten – und das zu einer Zeit, in der Männer die Welt regierten und Frauen im Allgemeinen kaum Rechte hatten. Umso größer muss ihre geistliche Autorität und Vollmacht gewesen sein. Zwei dieser Frauen möchte ich Ihnen vorstellen.

Tischgenossin Gottes – Hildegard von Bingen

„Im Jahre 1141 der Menschwerdung Christi, als ich zweiundvierzig Jahre und sieben Monate alt war, sah ich ein überaus stark funkelndes Licht aus dem geöffneten Himmel kommen. Es durchströmte mein Gehirn, mein Herz und meine Brust ganz und gar, gleich einer Flamme, die jedoch nicht brennt, sondern erwärmt. Es erglühte mich so, wie die Sonne einen Gegenstand erwärmt, auf den sie ihre Strahlen ergießt. Und plötzlich hatte ich die Einsicht in den Sinn und die Auslegung des Psalters, des Evangeliums und der anderen Schriften des Alten und Neuen Testamentes."[36]

Hildegard von Bingen war bis zum Zeitpunkt, an dem sie dieses Erlebnis aufschrieb, öffentlich noch nicht in Erscheinung getreten. Doch dann hörte sie eine Stimme, die zu ihr sagte: „Tue kund die Wunder, die du erfahren, schreibe sie auf und sprich".[37] So schrieb sie mithilfe eines Freundes ihr erstes großes Werk, „Liber Scivia Domini" („Wisse die Wege Gottes"), ein Buch, das in einem großen Bogen von der Erschaffung der Welt und des Menschen, dem Wachsen der Kirche und dem Kommen von Gottes Reich am Ende der Tage erzählt. Bernhard von Clairvaux setzte schließlich bei der kirchlichen Obrigkeit durch, dass Hildegards Eingebungen mit Zustimmung der Kirche veröffentlicht wurden.

Schon seit ihrer Kindheit hatte sie Visionen: „Da ich drei Jahre alt geworden, erzitterte meine Seele vor einem hellen Licht, das mir erschien. Damals wusste ich nicht, wie ich von diesen Erscheinungen reden sollte, die sich bis zum Alter von fünfzehn Jahren stets wiederholten. Zitternd schrieb ich mehrere dieser Dinge auf, denn ich glaubte bisweilen mit den Augen zu sehen, was ich nur innerlich gesehen hatte, und wenn ich meine Amme fragte, ob sie auch dergleichen Dinge sähe, antwortete sie Nein. Ich war also in großer Verlegenheit und durfte niemandem mehr von diesen Geschichten erzählen."[38]

Mit acht Jahren wurde Hildegard von ihren Eltern ins Kloster gegeben, wo sie von ihrer Tante Jutta von Sponheim erzogen wurde. Als diese 1136 starb, wählten ihre Mitschwestern Hildegard als Priorin des Klosters. Viele Jahrzehnte lebte sie als Ordensfrau ihren ganz normalen Klosteralltag. Als dann ihr erstes Buch abgeschlossen war, gründete sie mit achtzehn Schwestern ihr eigenes Kloster auf der Rupertshöhe in Bingen, 1165 entstand ein Tochterkloster in Eibingen bei Rüdesheim.

Hildegard sieht in ihren Schriften Gottes Wirken in einem weiten Horizont. In ihrem „Buch der göttlichen Werke" beschäftigt sie sich mit der Natur, die in ihren Augen ein Kunstwerk Gottes ist und auch die Zustände im Inneren des Menschen widerspiegelt. Wer sich die Ordensfrau mit dem visionären Weitblick und den tiefen Gebetserfahrungen nun als weltabgeschiedene, zurückgezogene stille Nonne vorstellt, liegt falsch. Das trifft vielleicht für ihre erste Lebenshälfte zu. Doch dann begann ihr Aufstieg zu einer der einflussreichsten Frauen ihrer Zeit. Sie war Beraterin des Kaisers Barbarossa und scheute sich nicht, ihn politisch zu kritisieren. Sie dichtete und komponierte über siebzig Lieder sowie ein Singspiel, das vom ewigen Kampf zwischen Gut und Böse handelt. Sie arbeitete als Naturwissenschaftlerin und Ärztin; zu ihrem Kloster auf dem Rupertsberg kamen die Kranken, Hilfe- und Ratsuchenden der ganzen Gegend. Sie betrieb naturkundliche Studien und erkannte den Zusammenhang von medizinischer Hilfe und Glauben, von Heilung und Heil. Und sie war eine große Predigerin und Seelsorgerin. Auch im hohen Alter unternahm sie noch viele Reisen, auf denen sie zu den Menschen sprach. Hildegard gilt als die größte Mystikerin Deutschlands. Obwohl sie große Visionen hatte, stand sie doch mit beiden Beinen auf dem Boden – eine starke Frau, die unzählige Male in ihrem Leben durch die Tür der Meditation gegangen ist, um Gott zu erfahren.

Feuer im Herzen – Teresa von Avila
Zwei Jahre bevor im verschlafenen Wittenberg der bis dahin unbekannte Mönch Martin Luther die Reformation auslöste, erblickte in Avila in Spanien Teresa Sanchez de Cepeda y Ahumada das Licht der Welt, die bedeutendste Mystikerin aller Zeiten.

In der darstellenden Kunst wird sie oft mit einem brennenden Herzen in der Hand dargestellt, auf dem die Initialen von Jesus stehen. Auf manchen Bildern durchbohrt ein Engel mit einem Pfeil ihr Herz, eine Szene, die sie einmal in einer Vision erlebte: „Es kam mir vor, als durchbohre er mit dem Pfeil einige Mal mein Herz bis aufs Innerste, und wenn er ihn wieder herauszog, war es mir, als zöge er diesen innersten Herzteil mit heraus. Als er mich verließ, war ich ganz entzündet von feuriger Liebe zu Gott."[39] Feuer im Herzen – ein gutes Bild für das, was Teresa von Avila erfüllt und angetrieben hat.

Mit fünfzehn Jahren kam Teresa in ein Augustinerkloster, kehrte jedoch nach zwei Jahren aus gesundheitlichen Gründen nach Hause zurück. Fünf Jahre später verließ sie heimlich ihr Elternhaus und trat in den Orden der Karmeliterinnen in Avila ein. Neben den Schriften des Kirchenvaters Hieronymus waren es vor allem verschiedene Ängste, die sie zu diesem Schritt bewegt hatten. Sie fürchtete sich vor der Hölle, aber auch vor der Ehe und davor, als Frau unterdrückt zu werden.

Der Abschied vom weltlichen Leben war für sie nicht einfach. Nach einem Jahr erlitt sie einen Zusammenbruch. Mitten in der Zeit der Schmerzen und seelischen Belastungen hatte sie die ersten Visionen. Einige Zeit später sah sie ein Bild, das Jesus als Leidenden zeigte. Sie gab ihm daraufhin ihr Leben und betete: „O Jesus, gib mir die Kraft, dir, dir allein anzugehören."[40] Fünfzehn Jahre danach kam es zu einer tiefen Erfahrung der Liebe Gottes; sie selbst sah diesen Zeitpunkt als ihre wahre Bekehrung an. Schließlich feierte sie als Ordensschwester ihre geistige Verlobung mit Christus.

In der Folgezeit hatte sie immer wieder sehr tiefe Visionen und Geisterfahrungen. „Der Glanz einer solchen Vision übertrifft alles, was man sich auf Erden vorstellen kann", schrieb sie. „Es ist ein Licht, welches von dem, was man auf Erden sieht, ganz verschieden ist. Im Vergleich mit diesem Lichte erscheint selbst die Klarheit der Sonne, welche wir sehen, so dunkel, dass man ihretwegen nicht einmal die Augen öffnen möchte."[41]

Doch für Teresa waren diese Erfahrungen nie eine Flucht aus der Realität. Glauben bestand für sie nicht in einem geistlichen Rausch, sondern in der Nachfolge und dem Dienst für Gott. Wie schon Hildegard von Bingen war auch Teresa von Avila keine Frau, die nur in stiller Verklärung versank. Sie war sehr unzufrieden mit den Lebensumständen im Kloster, die ihr zu verweltlicht erschienen. Damals durften Verwandte die Nonnen regelmäßig besuchen. Im Sprechzimmer ging es anscheinend zu wie in einem gesellschaftlichen Salon; ein abgeschiedenes Leben in der Klausur gab es nicht. Teresa entwarf daraufhin einen Orden der „Unbeschuhten", in der die Schwestern barfuß in strenger Abgeschiedenheit lebten. Radikale geistliche Erlebnisse brauchen manchmal radikale Umstände und Lebensformen. Dieses Ziel verfolgte

Teresa hartnäckig und mit aller Kraft, trotz aller Widerstände von Mitschwestern, der Ordensleitung und Kirchenführern. 1562 war es dann soweit: Nachdem sich Philipp II. von Spanien in die Streitereien eingemischt hatte, erlaubte ihr der Papst die Gründung eines eigenen Ordens in Avila. Später entstanden weitere Klöster an anderen Orten – und Teresa schrieb mehrere Bücher und zahllose Briefe, in denen sie ihre Erfahrungen mit dem meditativen Zugang zu Jesus festhielt. Jesus war für Teresa wie ein Freund. Beten bedeutete für sie nicht bloßes Reden, sondern ein Verweilen bei ihrem Freund, der sie über die Maßen liebt.

Sind Sie ein „Herz-Mensch"?

Es könnte sein, dass an dieser Stelle der Eindruck entsteht, der meditative Zugang sei eher etwas für Frauen als für Männer. Tatsächlich gelten Eigenschaften wie Intuition und Einfühlungsvermögen allgemein als weibliche Stärken. Da ist natürlich etwas dran, und vielleicht können auch mehr Frauen als Männer etwas mit diesem Zugang anfangen. Doch wir sollten nicht dem Trugschluss erliegen, „Herz-Menschen" seien gefühlsduselige, verweichlichte Typen. Meditationserfahrene Christen haben eine große innere Kraft und können oft auch in kritischen Situationen gelassen und „cool" bleiben – etwas, das sich viele Männer wünschen. Also, egal ob Sie ein Mann oder eine Frau sind: Die Tür der Meditation steht immer für Sie offen. Die folgenden Aussagen können Ihnen helfen, herauszufinden, ob dies Ihr bevorzugter geistlicher Zugang ist. Finden Sie sich irgendwo wieder?

- ☐ Viele Entscheidungen treffen Sie in Ihrem Alltag eher intuitiv. Wenn es darum geht, andere Menschen oder Situationen einzuschätzen, vertrauen Sie Ihrem Gefühl.
- ☐ Martin Luther soll gesagt haben: „Heute habe ich viel zu tun, darum muss ich heute viel beten". Das könnte Ihr Leitsatz für den Alltag sein.
- ☐ Im Gottesdienst freuen Sie sich besonders auf die Lobpreis- und Gebetszeiten.
- ☐ Johannes ist das Evangelium, das Sie am liebsten lesen. Die Psalmen sind für Sie wie eine Schatztruhe für Ihre persönlichen Gebete. Sie nehmen Verheißungen in der Bibel als persönliche Ermutigung an. Sie haben kaum Schwierigkeiten, den Berichten in der Bibel, die von den wunderbaren Taten Gottes erzählen, zu glauben. An schwierigen Stellen, beispielsweise in den Paulusbriefen, beißen Sie sich nicht fest, sondern können die Worte so stehen lassen und sie in Ihrem Herzen bewegen.
- ☐ Im christlichen Buchladen suchen Sie immer zuerst nach dem Regal mit Büchern über Gebet und Meditation. Es ist für Sie die schönste Ecke des Ladens, denn hier finden Sie auch Spruchkarten, Kerzen, Kreuze und andere Dinge. Bücher mit Titeln wie „Mein Weg in die Stille" sprechen Sie an.
- ☐ In Ihrer Gemeinde wird ein Seminar über Glaubensfragen geplant. Sie möchten mitarbeiten. Bei der Einteilung der Teams würden Sie gern bei den Gebetsgruppen mitmachen; wenn Sie musikalisch sind, melden Sie sich auch beim Lobpreisteam. Es würde Ihnen nichts ausmachen, bei Aufgaben wie Bistrodienst, Begrüßung am Eingang oder Dekoration mitzuhelfen. Die inhaltliche Vorbereitung überlassen Sie, wenn es nicht gerade um

Gebet oder das Weitergeben einer persönlichen Glaubenserfahrung geht, lieber anderen.

☐ Ein Gebetskreis Ihrer Gemeinde plant eine Fahrt nach Frankreich. In einem alten Kloster wird eine Stille-Freizeit angeboten. Zwei Wochen nur für Sie und Gott! In ländlicher Abgeschiedenheit auf Gott zu hören und ihn mit alten Gesängen zu loben – das stellen Sie sich wunderbar vor. Sie melden sich gleich an.

Einige Hinweise vor dem Öffnen der dritten Tür

Menschen mit einem starken meditativen Zugang zu Gott sind oft gute Seelsorger. Wer auf die Stimme Gottes hört, kann auch anderen gut zuhören. Gaben wie Gebet, Prophetie, Glaube und Zungenrede, aber auch Barmherzigkeit und Hirtendienst* sind mit diesem geistlichen Zugang stärker verbunden als bei „Kopf-" oder „Hand-Menschen". Wer oft und gern durch diese Tür geht, kann auf andere mitunter etwas versponnen wirken, besonders auf die vernünftigen Liebhaber des rationalen Zugangs. Intensive Beter reden von geistlichen Erlebnissen, die andere vielleicht schwer nachvollziehen können. Umgekehrt kann es sein, dass sich Christen mit einem starken meditativen Gebetsleben mitunter einsam fühlen, weil sie sich nicht trauen, in ihrer Gemeinde über ihre geistlichen Erfahrungen zu reden. Nur so kann ich es mir erklären, dass in charismatischen

---

* Auf die einzelnen Gaben kann in diesem Buch nicht näher eingegangen werden. Mehr dazu bei Christian A. Schwarz, Die 3 Farben deiner Gaben. Emmelsbüll 2001 und bei Bill Hybels u. a., D.I.E.N.S.T. Entdecke dein Potential. Teilnehmerbuch. Asslar, 6. Aufl. 2007

Gemeinden solche Gespräche an der Tagesordnung sind, während in den großen Kirchen diese Stimmen oftmals fehlen. Doch das ist ein echter Mangel – auch für andere Christen, die hier nicht ihre Stärke haben. Denn im Grunde genommen gibt es kein Christsein, das nicht charismatisch ist; der Heilige Geist ist uns allen verheißen, und wir brauchen ihn, um unseren Glauben zu leben. Meditativ veranlagte Menschen können hier vielleicht Impulse setzen und mit ihren Gebetserfahrungen andere zu einer tieferen Gemeinschaft mit Jesus verhelfen.

„Herz-Menschen" brauchen aber in der Gemeinde auch Menschen mit anderen geistlichen Zugängen, um nicht abzuheben oder in extreme Richtungen zu driften. Gerade stark charismatische Christen tendieren manchmal dazu, die Stimmen der Vernunft zu überhören. Sie brauchen andere, die sie „erden". Wer zum Beispiel von Gott Visionen und wegweisende Worte hinsichtlich der Gemeindearbeit bekommt, hat manchmal den starken Wunsch, es müsse sofort umgesetzt werden. Doch andere Mitchristen mit kühlem Kopf sehen das unter Umständen anders. Da ist es wichtig, aufeinander zu hören und die Gabe des anderen zu achten, denn Gott hat uns als verschiedene Glieder am Leib Christi dazu bestimmt, zusammenzuarbeiten (1. Korinther 12,12 ff). Doch meistens sind erfahrene Beter nicht ungeduldig, ganz im Gegenteil.

Wer gern über den meditativen Zugang zu Gott kommt, hat oft auch eine ausgeprägte diakonische Ader. Die Gemeinschaft mit Jesus im Gebet drängt viele unmittelbar zu gelebter Nächstenliebe. Bibelarbeit mit aufgeschlagener Konkordanz und Blättern im Lexikon ist dagegen nicht die Stärke von Christen, die gern intuitiv auf Bibeltexte reagieren und sie im Herzen bewegen. Dennoch: Auch wenn Sie oft durch die Tür der Meditation gehen, schauen Sie sich in den anderen Kapiteln um. Ganz bestimmt gibt es auch dort die ein oder andere Idee, die Sie weiterbringt. So sorgen Sie dafür, dass Ihr Glaube in allen drei Dimensionen weiterwachsen kann.

Die passenden Schlüssel: Geistliche Ideen fürs Herz

Alte Andachtsformen neu entdecken

Wenn Sie eine meditative Ader haben und in der Kirchengeschichte nach Wegen und Formen der Meditation suchen, werden Sie auf eine prall gefüllte Schatztruhe an Gebeten und Erfahrungen stoßen. Seit der Frühzeit beten Christen auf ganz verschiedene Weise. Und was sich bewährte, wurde weitergeführt, bis heute.

Schon zur Zeit der ersten Christen haben sich in den Gemeinden bestimmte Gebete, Bekenntnisse und Andachtsformen entwickelt. Bereits Jesus hat uns einen vorformulierten Text als Gebetshilfe an die Hand gegeben, das *Vaterunser*. Es ist ein Gebet, das alles Wichtige kurz und prägnant zusammenfasst.

Auch die *Seligpreisungen* (siehe Matthäus 5,3–11) sind ein Text, mit dem ich unterwegs sein kann – als Zuspruch Gottes an mich, den ich mir auch laut vorlesen kann, Satz für Satz.

Im Brief an die Philipper, Kapitel 2,5–11, finden wir einen Abschnitt, der uns unseres Glaubens vergewissert. Bestimmt wurden diese Worte damals in den Gemeinden auswendig gelernt, vielleicht im Taufunterricht. Der Text drückt in knappen Worten aus, wer Jesus für uns ist.

Und natürlich sollen hier die *Psalmen* nicht unerwähnt bleiben. Lob und Klage, alles, was unsere Seele bewegen kann, wird in diesen 150 Gebeten und Liedern angesprochen. Hier finden wir Worte, wenn uns die Worte fehlen. Bis heute werden in den Klöstern die Psalmen gebetet, Tag für Tag, einer nach dem anderen. Dabei folgen die Schwestern und Brüder im Ornat dem Rhythmus ihres Atems*. Der Text wird im Wechsel von Ein- und Ausatmen nach alten liturgischen Melodien gesungen. Mit solchen Tagzeiten- oder Stundengebeten wird der Tag eingeteilt in Zeiten des Gebets, der Arbeit, der Mahlzeiten und der Ruhe. Einige Bausteine aus diesen alten Gebetstraditionen finden Sie unter anderem in evangelisch-lutherischen Gesangbüchern. Wenn Sie keine Noten lesen können, helfen Ihnen vielleicht musikalisch begabte Mitmenschen weiter. Natürlich ist auch eine persönliche Auszeit im Kloster oder bei einer Kommunität eine Idee; in vielen dieser Häuser wird das Tageszeitengebet praktiziert. Adressen finden Sie im Internet beispielsweise unter *www.orden.de* oder auf den Seiten der EKD, *www.ekd.de*.

Nicht nur der Tag, sondern auch der Jahreslauf hat seine geistliche Ordnung. Die Zeiten des Kirchenjahrs, das am 1. Advent beginnt, kann man bewusst durchlaufen; die Gottesdienste zu den besonderen Tagen und die christlichen Feste führen einmal im Jahr durch die wichtigsten Sätze des Glaubensbekenntnisses. Und wenn Sie in der Passionszeit einmal in eine katholische Kirche kommen sollten, dann schreiten Sie doch mal die Stationen des Kreuzwegs betend ab.

---

* siehe hier auch unter dem Stichwort „Bodyprayer" auf S. 76

Sich einen geistlichen Ort einrichten

Es kann hilfreich sein, sich einen Ort in der Wohnung als Gebetsecke oder Andachtsraum zu gestalten. „Ich habe mir einen solchen Gebetsraum in einer Ecke meines früheren Büros eingerichtet", schreibt Bill Hybels. „An den Platz, an dem ich bete, habe ich eine offene Bibel gelegt, ein Schild, auf dem steht ‚Gott ist nichts unmöglich', eine Dornenkrone, die mich an den leidenden Erlöser erinnert, und einen Hirtenstab, den ich oft hochhalte, wenn ich um etwas bitte."[42] Ein solcher Ort kann es auch leichter machen, so etwas wie eine „Stille Zeit" in einer Familie mit Kindern einzurichten. Alle wissen: „Wenn Mama dort sitzt, dann lasst sie für zwei Minuten in Ruhe."[43] Es dürfen auch ruhig mehr sein.

Hier noch eine Bastelidee: Mit Stoffbahnen, die von der Decke hängen, entsteht ein Schutzraum, den Sie betreten können. Lärmschutzkopfhörer helfen, dass dieser Gebetsraum wirklich „ein Rückzugsort zum Durchatmen und Nachdenken" wird.[44]

Nicht nur äußerlich ist es gut, einen Ort zu haben, der den Blick sammelt und uns dadurch das Beten erleichtert. Auch innerlich können Sie sich so einen Ort einrichten. Sie brauchen nur die Augen zu schließen. Was ist für Sie ein Ort des Friedens? Wo würden Sie gern sein, wo fühlen Sie sich geschützt und geborgen? Wenn man sich diese Fragen stellt, kommt eine gewisse Vorstellung meist ganz von selbst. Stellen Sie sich vor, dass dieser Ort immer für Sie erreichbar ist, und dass Gott immer dort ist. Dieser Ort ist allein für Sie und Ihre Begegnung mit Gott reserviert; hier haben Störenfriede keinen Zutritt, seien es Menschen, Gedanken oder Gefühle.

Herzensgebet

Auch das Herzensgebet stammt aus der geistlichen Schatztruhe der Mönche. Das Prinzip ist sehr einfach beschrieben, aber es ist ein längerer Weg, bis es verinnerlicht und zur selbstverständlichen Praxis geworden ist. Beginnen Sie damit, ein Wort oder einen Satz als Gebet immerzu zu wiederholen, laut oder leise. Dabei passen sich die Worte fast automatisch dem Rhythmus von Aus- und Einatmen an. Sie können den Namen Jesu beten – daher wird manchmal auch vom „Jesusgebet" gesprochen –, oder Sätze wie „Herr Jesus, erbarme dich", „Schaffe in mir, Gott, ein reines Herz" oder „Der Herr ist mein Hirte, mir wird nichts mangeln". Wer in das Herzensgebet hineinfindet, hat meist einen ganz persönlichen Text, und oft ist es so, dass man sich den gar nicht bewusst aussucht, sondern dass das Gebet sozusagen den Beter findet. Wer in die Stille geht und Gott sucht, bekommt oft einen Satz „geschenkt". Das kann auch ein Gesangbuchvers sein wie „Gott ist gegenwärtig" oder Worte aus einem Lobpreislied. Mein persönliches Gebet, das ich manchmal im Rhythmus des Atems spreche, auch unterwegs auf dem Fahrrad* lautet:

Sei mir nah – in deinem Wort.
Stärke mich – durch deinen Geist.
Führe mich – auf deinem Weg.

Mit der Zeit kann das Herzensgebet ein Teil des inneren Lebensrhythmus werden. Tricia McCary Rhodes schreibt von genau dieser Erfahrung. Immer wieder hatte sie den Satz „Gib mir ein Herz für dich" gesprochen, bis ihr dieser

---

* Vergl. die Anregungen im Kapitel über die zweite Tür, „Gebetsspaziergang" und „Beten beim Laufen", S. 73–76

in Fleisch und Blut übergegangen war: „In den darauffolgenden Wochen sprach ich mein Gebet beim Atmen in allen möglichen Situationen. Ich betete es an der Ampel und wenn ich vor der Schule auf die Kinder wartete. Ich betete es, wenn ich mir die Haare kämmte, die Wäsche zusammenlegte und in der Warteschlange im Supermarkt. Ich betete es beim Anziehen und im Fitnessstudio. Jeden Abend, wenn ich zu Bett ging, waren die Worte: ‚Gib mir ein Herz für dich' das Letzte, was ich vor dem Einschlafen dachte. Häufig erwachte ich mitten in der Nacht oder im Morgengrauen mit dem klaren Bewusstsein, dass mir diese Worte immer noch auf den Lippen lagen."[45]

In christlichen Meditationskursen und Stillehäusern werden oft auch Einführungen in das Herzensgebet und andere geistliche Übungen angeboten. Meist ist eine solche Auszeit besser geeignet, neue Formen des Betens auszuprobieren, als es im lauten, betriebsamen Alltag allein zu versuchen.

Bibeltexte betend lesen – Lectio divina

Man kann die Bibel natürlich lesen wie jedes andere Buch auch. Doch es gibt einen wichtigen Unterschied: Das „Buch der Bücher" ist das Wort Gottes an uns, das unser Ohr und unser Herz erreichen will und auf das wir antworten können. Und schon sind wir beim Gebet. Lesen und beten, beides gehört zusammen und kann auch ineinanderfließen. So kann man zum Beispiel Abschnitte in den neutestamentlichen Briefen, die Ermahnungen oder Verheißungen enthalten, in Gebete verwandeln. Folgen Sie langsam dem Bibeltext. Halten Sie immer wieder an. Bitten Sie Gott, er möge Ihnen helfen, diese Anforderung in Ihrem Leben umzusetzen, oder diese Verheißung wahr werden zu lassen. Vielleicht gelingt es Ihnen ja auch, den Text als Gebet umzuformulieren.[46]

Für das betende Lesen der Bibel gibt es Anleitungen, die jahrhundertealt sind. Eine davon ist die „lectio divina", die „göttliche Lesung". Sie besteht aus vier Schritten:[47]

- Lectio (Lesen): Lesen Sie einen Abschnitt aus der Bibel langsam und aufmerksam. Lassen Sie die Worte auf sich wirken. Lassen Sie sich von Gott ansprechen.
- Meditatio (Meditieren): Wählen Sie einen Vers aus, der Sie besonders anspricht. Wiederholen Sie den Vers immer wieder, laut oder leise, werden Sie mit den Worten vertraut, bewegen Sie sie in Ihrem Herzen.
- Oratio (Beten): Als Antwort auf Gottes Wort können Sie nun beten und ihm alles sagen, was Ihnen wichtig ist.
- Contemplatio (Verweilen): Zum Schluss bleiben Sie eine Zeit in der Stille und verweilen in Gottes Gegenwart.

Um die Praxis der „Lectio divina" über einen längeren Zeitraum einzuüben, kann das Andachtsbuch „Komm in die Stille" von Amy und Judge Reinhold eine Hilfe sein. Hier finden Sie für einen Monat 31 Impulse, um diese Meditationsform in Ihre Zeit mit Gott zu integrieren.*

Bibeltexte betend lesen –
Meditation nach Ignatius von Loyola
Bibeltexte mit einer Handlung können Sie auch nach einer anderen Methode meditieren. Ignatius von Loyola hat sie entwickelt, um möglichst mit allen Sinnen nachzuvollziehen, wovon im Text berichtet wird:

---

* Amy und Judge Reinhold: Komm in die Stille. Den Segen des hörenden Gebets neu entdecken. Asslar, 2009.

- Beginnen Sie mit einem Gebet; richten Sie sich ganz auf Gott aus.
- Dann lesen Sie den Abschnitt aus der Bibel. Achten Sie auch darauf, wo die Handlung stattfindet, zu welcher Zeit und welche Personen beteiligt sind. Führt das Wort Gottes Sie zu einem Wunsch oder einer Bitte? Dann können Sie das Gott jetzt sagen.
- Nun begeben Sie sich gedanklich in die geschilderte Szene hinein. Stellen Sie sich vor, was passiert. Sehen Sie sich die Personen genau an, wie und was sie sagen, und in welcher Beziehung sie zueinander stehen. Versuchen Sie, in Ihrer Fantasie mit ihnen zu sprechen. Sie können Ihre Gedanken und Gefühle äußern oder auch handeln.
- Danach verlassen Sie die Szene wieder. Bringen Sie das, was in Ihnen „geschehen" ist, vor Gott, betrachten Sie es betend. Hören Sie auf das, was er Ihnen sagen möchte.
- Schließen Sie mit einem kurzen Gebet.
- Jetzt sollten Sie sich Zeit für einen kleinen Rückblick nehmen. Wie ist es Ihnen dabei ergangen? Welche Gefühle hatten Sie zu Beginn und welche am Schluss der Meditation? Welche Bilder und Ideen sind gekommen, was haben Sie in der Szene erlebt? Was ist Ihnen klar geworden, was ist unklar geblieben? Schreiben Sie Ihre Gedanken auf.

Musik

Dass Musik beim Beten hilft, weiß eigentlich jeder. Ohne Musik wäre jeder Gottesdienst eine ziemlich verkopfte und steife Veranstaltung. Und auch zu Hause oder unterwegs können mich die Aufnahmen der Lieblingsloblieder mitreißen und in die Anbetung hineinführen.

Musik kann auch dabei helfen, innerlich vor Gott zur Ruhe zu kommen. Musik gestaltet den Raum um mich und in mir.

Hierfür muss allerdings die Musik mit Bedacht ausgewählt werden; es geht dabei nicht darum, die eigenen Lieblingslieder zu hören. Außerdem lenken gesungene Texte die Gedanken zu stark. Instrumentalmusik ist zur Gestaltung einer freien Gebetszeit besser geeignet.

Düfte

Gerüche gehören zu den intensivsten Sinneseindrücken. Viele Kindheitserinnerungen sind mit Gerüchen verbunden. Denken Sie nur mal an die Adventszeit. Kommen mit dem Geruch von Zimtsternen und Spekulatius nicht ganze Stimmungswelten und Bilder von früher in uns hoch?

Kein Wunder, dass Düfte auch dazu dienen, um Gott anzubeten; zu alttestamentlicher Zeit wurde Räucherwerk im Gottesdienst verbrannt (siehe 2. Mose 30,34–38). Und auch in den ersten Gemeinden muss das Verbrennen von wohlriechenden Substanzen üblich gewesen sein, denn Paulus spielt im 2. Korintherbrief darauf an: „Gott aber sei gedankt, der uns allezeit Sieg gibt in Christus und offenbart den Wohlgeruch seiner Erkenntnis durch uns an allen Orten! Denn wir sind für Gott ein Wohlgeruch Christi unter denen, die gerettet werden, und unter denen, die verloren werden: diesen ein Geruch des Todes zum Tode, jenen aber ein Geruch des Lebens zum Leben" (2. Korinther 2,14–15).

Der aufsteigende, duftende Rauch symbolisiert das Gebet, das zu Gott aufsteigt (siehe Offbarung 5,8; 8,3–5). In katholischen und orthodoxen Kirchen wird seit langem Weihrauch benutzt, den man übrigens im kirchlichen Fachhandel problemlos bekommen kann. Räucherstäbchen tun es allerdings auch.

Richten Sie sich eine duftende Gebetsecke ein[48]. Einfacher und nicht ganz so intensiv sind Duftkerzen, eine Blumenvase oder eine Schale mit Blütenblättern. Auch leicht parfümierte Tücher sind geeignet. Wichtig ist natürlich, dass Sie die Düfte als angenehm empfinden. Wenn Sie die Augen schließen und vor Gott still werden, stellen Sie sich vor, dass Sie seine wohltuende Gegenwart und Liebe einatmen. Und warum sollte man es in der Advents- und Weihnachtszeit nicht mit Keksen und einem Becher Zimttee probieren?

Bilder
Bilder konzentrieren unseren Blick. Bilder dienen auch dazu, etwas zu verdeutlichen. Aber Bilder können uns auch in unserer Vorstellung gefangen nehmen. Deshalb müssen wir mit dem Einsatz von Bildern vorsichtig sein und uns fragen: Hilft mir dieses Bild, mich auf Gott zu konzentrieren, oder bleibt mein Blick daran hängen und versperrt mir innerlich den Weg?

Die berühmtesten Bilder, die als Gebetshilfe gefertigt wurden, sind die Ikonen in den orthodoxen Kirchen. In den westlichen Kirchen wurden sie lange abgelehnt; man sah die Gefahr, dass hier die Bilder selbst angebetet werden und nicht Gott. Zugegeben, in der orthodoxen Gottesdienstpraxis ist die Grenze manchmal schwer zu bestimmen. Aber immer mehr Christen anderer Konfessionen haben Ikonen schon für ihre persönliche Gebetszeit entdeckt. Dabei kommt es nicht darauf an, dass die Ikone meinem Geschmack entspricht und ich sie schön finde. Sondern es kommt darauf an, wie ich sie anschaue[49].

Ikonen sind, kurz gesagt, Fenster zur Ewigkeit. Man betrachtet nicht die Ikone an sich, sondern sieht sozusagen durch sie hindurch. Die goldene Farbe im Hintergrund macht das deutlich. Gold kommt in der Natur so nicht vor und symbolisiert das göttliche Licht: „Was du hier siehst, ist eine geistliche Wirklichkeit." So weist das Bild auf den, der dahintersteht, auf Jesus Christus. Damit der Blick nicht am Äußerlichen hängenbleibt, sind Ikonen so gemalt, dass sie keine Tiefenwirkung haben. Auch als es in der Kunst üblich wurde, die Perspektive realistisch wiederzugeben, wurden Ikonen mit „falscher" Perspektive „geschrieben", bis heute. Denn genau genommen liegt der Fluchtpunkt, nach dem sich die perspektivische Darstellung ausrichtet, nicht irgendwo hinten im Bild, sondern im Auge des Betrachters. Wenn ich eine Ikone ansehe, will sich das göttliche Licht, die Herrlichkeit und Wahrheit Gottes, in mir bündeln.

Das Beten mit Ikonen muss man üben, und nicht jeder bekommt dazu einen Zugang. Doch ein Versuch lohnt sich. Echte Ikonen sind natürlich sehr teure Kunstgegenstände. Aber man kann erschwingliche Drucke in verschiedenen Größen bekommen.

Perlen des Glaubens

Sie werden immer bekannter, die „Perlen des Glaubens". Es handelt sich dabei um ein Band mit verschiedenen Perlen, die jede für sich eine Bedeutung haben. Man lässt die Perlen durch die Hand gleiten, tastet sich von einer Perle zur anderen und wird dabei zu verschiedenen Bereichen des Lebens und Glaubens geleitet. Den Anfang macht die große goldene Gottesperle; wenn ich sie in den Fingern spüre, weiß ich: Gott ist jetzt da. Die kleine Ich-Perle zeigt, dass wir in Gottes Augen geliebt und wertvoll sind. Die Taufperle erinnert daran, dass wir zu Jesus gehören. Die Wüstenperle steht für das, was wir mit Gott klären müssen. Die blaue Perle der Gelassenheit will unser Augenmerk darauf richten, Gott zu vertrauen.

Mit den zwei roten Perlen der Liebe denken wir an die

Liebe Gottes und beten für andere. Die drei Geheimnisperlen können wir in Gedanken mit sehr persönlichen Anliegen verbinden. Die schwarze Perle der Nacht bringt Leid und Sorge vor Gott, und die weiße Perle der Auferstehung führt ins Lob, weil Jesus den Tod besiegt hat und stärker ist als alle Not. Die dazwischen liegenden sechs länglichen Perlen der Stille laden dazu ein, vor Gott ruhig zu werden und aufzuatmen.

Das Schöne ist, dass es für die Verwendung der Perlen des Glaubens keine Regeln gibt, die man befolgen muss, sondern dass man damit experimentieren kann. Sie können sich also der einen Perle, die Ihnen gerade wichtig ist, widmen, andere Perlen überspringen oder beim Befühlen die Reihenfolge verändern. Und Sie können die Perlen immer mit sich führen, wenn Sie mögen, zum Beispiel in der Hosentasche oder als Armband. In Deutschland werden die „Perlen des Glaubens" über die nordelbische Kirche* vertrieben; mittlerweile sind sie mitsamt einem dazugehörigen Büchlein auch über den Handel zu bekommen.

Erfunden wurde diese Gebetsform übrigens von dem schwedischen Bischof Martin Lönnebo. Als er in den Ruhestand ging, unternahm er eine Reise nach Griechenland. Auf einer Überfahrt in einem kleinen Fischerboot geriet er plötzlich in einen Sturm und war gezwungen, mehrere Tage auf einer kleinen Insel in einem Gasthaus auszuharren. „Da saß ich nun frierend in einem gemieteten Zimmer mit dem Notizbuch in der Hand. Ich zeichnete ein Gebetsband. Ich füllte viele Seiten mit Kritzeleien zur heulenden Musik des Windes, der durch alle Ritzen pfiff. Ich überlegte: „Was ist das Wichtigste für den Menschen, wenn er sich Gott nähert?

---

* www.perlen-des-glaubens.de

Was ist echtes menschliches Leben? Wie sieht echtes christliches Leben aus in unserer globalen und wirklich ungewissen Zeit? ... So entstand zum Schluss ein kleines Perlenband aus achtzehn Perlen, die das Wichtigste enthalten. Das Wunderbare kann sich im ganz Geringen widerspiegeln."[50] „Frälsarkranzen" hat Lönnebo seine Perlen genannt, das heißt übersetzt: „Rettungsring".

Nachwort

Wenn jemand ein Buch darüber schreibt, wie man zu einer erfüllten Stillen Zeit kommen kann, dann sollte man annehmen, dass der Autor selbst ohne Probleme regelmäßig in der Bibel liest und bei seinen Überlegungen aus einer reichen Gebetserfahrung schöpft. Doch das Gegenteil ist der Fall, jedenfalls bei mir. Ich habe die vielen Ideen, wie man das persönliche geistliche Leben anders gestalten könnte, aus der Not heraus gesammelt, eben weil ich selbst auf der Suche war. Die Beschäftigung mit geistlichen Zugängen hat mir geholfen, mich selbst besser kennenzulernen und herauszufinden, welche Ideen und Methoden etwas für mich sein könnten. Insofern hat dieses Buch zumindest einem Menschen schon geholfen: mir selbst.

Zum Schluss möchte ich Ihnen noch Mut machen, dieses Buch ganz frei zu gebrauchen. Drei Ratschläge möchte ich Ihnen dazu geben:

Lassen Sie sich nicht verwirren!

Ich habe hier über drei Türen zu Gott gesprochen. Es gibt wunderbare andere Bücher über geistliche Zugänge, in denen mal sieben, mal neun beschrieben sind (einige „Kopf-Menschen" haben das bestimmt gleich gemerkt). Was ist nun richtig? – Alles! Es sind verschiedene Modelle, die auf verschiedenen Wegen alle zu einem Ziel führen: dass Sie sich selbst besser kennenlernen. Das führt uns zum zweiten Ratschlag:

Lassen Sie sich nicht einengen!

Es geht nicht darum, dass Sie Ihre Persönlichkeit oder Ihren Glauben in Schubladen einsortieren. Das Bild von den Türen soll nur eine Hilfe sein, Ihre Beziehung zu Gott besser zu verstehen und intensiver zu gestalten. Damit kommen wir zu meinem letzten Ratschlag:

Lassen Sie sich inspirieren!

Probieren Sie die Ideen einfach nach Lust und Laune aus. Verändern und gestalten Sie die Vorschläge so, wie es für Sie passend ist. Reden Sie mit anderen Christen darüber, zum Beispiel in Ihrem Hauskreis. Manche Ideen machen auch viel mehr Spaß, wenn man sich zu mehreren zusammentut. Und wenn Sie dabei selbst auf ganz neue Gedanken kommen, umso besser – es gibt bestimmt noch viele andere Möglichkeiten. Mein Wunsch ist, dass Sie über das Ausprobieren die Form der Gottesbegegnung für sich entdecken, die zu Ihnen passt und die Sie immer wieder in die Gegenwart Gottes bringt – ohne schlechtes Gewissen und ohne Leistungsdruck, so, als kämen Sie nach einem harten Tag durch Ihre Tür nach Hause.

Anmerkungen

Drei Türen zu Gott

1 In den letzten zehn Jahren sind die geistlichen Zugänge in der christlichen Literatur mehr und mehr ins Blickfeld geraten. Erste Ansätze dazu finden sich bei Robert Mulholland, Werden, wie du mich meinst. Ganzheitlich glauben lernen, Gießen 1995.

Gary L. Thomas beschreibt in Neun Wege, Gott zu lieben (Wuppertal 2003), dass die einen Gott besonders in der Natur erfahren, während andere durch Kunst, Musik und andere sinnliche Eindrücke Gott näher kommen. Manchen helfen Rituale und Symbole, Gott zu erfahren. Andere suchen Einsamkeit und erleben Gott in einem schlichten Lebensstil. Es gibt Christen, die Herausforderungen brauchen, und andere, die Gott erfahren, indem sie für andere sorgen. Manche haben einen besonderen Zugang zu Gott über Mysterien und Feiern, andere durch Hingabe und Gebet. Und schließlich gibt es auch die nüchternen Denker, die sich Gott über den Verstand nähern.

John Ortberg kommt zu einem ähnlichen Ergebnis (John Ortberg, Ruth Haley Barton, Abenteuer Alltag. Ein ganz normaler Tag mit Jesus. Leiterhandbuch, Asslar 2003). Er findet sieben geistliche Zugänge, von denen sich sechs mit den von Gary L. Thomas beschriebenen decken. Dabei hat er offenbar ähnliche zusammengefasst. Zusätzlich weist er noch auf Menschen hin, die Gott besonders durch Beziehungen und Gemeinschaft mit anderen Christen erfahren.

Und Richard Foster (ders., Viele Quellen hat der Strom. Aus dem Reichtum der Glaubensgeschichte schöpfen, Wuppertal 2004) zeigt am Beispiel von Persönlichkeiten quer durch die Bibel und zweitausend Jahre Kirchengeschichte, dass verschiedene geistliche Zugänge schon seit Beginn der Geschichte Gottes mit den Menschen gepflegt wurden.

2 John Eldredge, Der ungezähmte Mann. Auf dem Weg zu einer neuen Männlichkeit, Gießen 2003, S. 254.
3 Nach Christian A. Schwarz, Die 3 Farben deiner Gaben. Emmelsbüll 2001. Schwarz nennt die drei Dimensionen des Glaubens Weisheit, Engagement und Vollmacht.
4 Ich rede hier von drei Türen zu Gott, weil diese Vorstellung einfach ist und Gottes Wesen entspricht. Und ich denke, dass die vielen verschiedenen geistlichen Zugänge, die Thomas und Ortberg entdeckt haben (s. Anm. 1), sich mühelos in dieser Gliederung unterbringen lassen.

Die erste Tür: Auf Gott hören

5 C. S. Lewis, Überrascht von Freude. Gießen 1992, S. 76 ff.
6 Ebenda, S. 165.
7 Ebenda, S. 256 f.
8 Ebenda, S. 259.
9 Ebenda, S. 274.
10 Ebenda, S. 259.
11 Nach Richard Foster, Viele Quellen hat der Strom, S. 302 ff. Das Tagebuch von Dag Hammarskjöld ist unter dem Titel „Zeichen am Weg" veröffentlicht worden.
12 Adrian Plass, Tagebuch eines frommen Chaoten. Moers 1991, S. 9.
13 Gordon MacDonald, Ordne dein Leben. 2. Aufl. 2004, S. 158.
14 Adrian Plass, Stürmische Zeiten. Neue Kraft für den Tag. 3. Aufl., Moers 2000, S. 397.
15 John Pritchard, Beten lernen. Das Gespräch mit Gott beginnen und vertiefen. Wuppertal 2003, S. 40.
16 Ebenda., S. 62.
17 Ebenda., S. 83.

Die zweite Tür: Mit Jesus leben

18 Tricia McCary Rhodes, Hörst du sein leises Flüstern?, Witten 2009, S. 126.
19 Auszüge des Interviews in Deutsch findet man unter www.kreuz.net
20 Die Nobelpreisrede findet man z. B. unter www.dadalos.org
21 Unter www.dadalos.org
22 Unter www.elefantastisch.de
23 Mehr dazu im Heft von Kerstin Hack, Draußen beten. Impulse zum Gebet im Freien. Berlin 2006
24 Christof Klenk, „Runner's high". In: Martin Schramm, Lauffeuer. Das Laufbuch für Körper, Seele und Geist, Wuppertal 2006, S. 154. Dieses Buch bietet viele Tipps zum Laufen und geistliche Impulse.
25 Peter Aschoff, Wenn ich allein laufe, dann bete ich. In: Martin Schramm, Lauffeuer, S. 162.
26 Martin Schramm, Lauffeuer, S.167.
27 Weitere Vorschläge bei Tricia McCary Rhodes, Hörst du sein leises Flüstern?, S. 88 f.
28 Kerstin Hack, Kreativ beten. Impulse für die Begegnung mit einem lebendigen Gott. Berlin 2006, S. 27.
29 Ebenda, S. 28.
30 Ebenda, S. 28.
31 Ebenda, S. 27.
32 Niederschrift eines Tischgespräches zwischen dem 9. Juni und 12. Juli 1532. Zitiert nach: GEO-Artikel „Archäologie: Stätte der Erleuchtung" vom 1.3.2005
33 Martin Tamcke, Das orthodoxe Christentum. München, 2. Aufl. 2007, S. 52.
34 Kerstin Hack, Kreativ beten, S. 20 ff.

Die dritte Tür: Im Geist anbeten

35 Seine Lebensgeschichte schildert Richard Foster, Viele Quellen hat der Strom, S. 58 ff.
36 Zitiert nach dem Ökumenischen Heiligenlexikon unter der Adresse www.heiligenlexikon.de.

37 Erna und Hans Melchers, Das große Buch der Heiligen, München 1978, S. 592.
38 Ebenda, S. 594.
39 Nach heiligenlexikon.de
40 Melchers, S. 669.
41 Ebenda, S. 670.
42 Bill Hybels, Aufbruch zur Stille. Von der Lebenskunst, Zeit für das Gebet zu haben. Asslar 1992, S. 45.
43 Hanspeter Wolfsberger, Freundliche Unterbrechungen. In: Aufatmen 3/2009, S. 35.
44 Kerstin Hack, Kreativ beten, S. 30.
45 Tricia McCary Rhodes, Hörst du sein leises Flüstern?, S. 105.
46 Thomas Härry, Echt und Stark. Kraftvoll glauben – Tiefgang finden. Witten, 3. Aufl. 2008, S. 198 f.
47 Nach www.elefantastisch.de; dort findet sich auch die folgende Anleitung zum Meditieren eines Bibeltextes nach Ignatius von Loyola. Hilfreich ist auch das Andachtsbuch von Amy und Judge Reinhold: Komm in die Stille. Den Segen des hörenden Gebets neu entdecken. Asslar, 2009.
48 Kerstin Hack, Kreativ beten, S. 25 und 29.
49 Siehe dazu Elias D. Moutsoulas, Die Theologie der Ikone, unter www.myriobiblos.gr und Chrysostomus Pijnenburg, Die Kunst des Ikonenmalens, unter www.nikolsobor.org
50 Mit den Perlen des Glaubens leben. Kiel 2005, S. 81.